学校では絶対に
#教えてくれない
裏社会から人生を守る教科書

ちょうえきたろう

はじめに

僕はYouTubeを通じて「裏社会」を紹介する動画を配信してきた。

そして何を隠そう僕自身、ずっと昔の若い頃の話になるけど「裏社会に関わっていた側」の人間だ。今はその関係性を完全に断ち切って表の社会で活動をしているけど、この過去の経歴を持った僕だからこそ、よりリアルに「この世の中の裏側」を語ることができる。僕だからこそ、YouTubeで動画を見てくれたみんなに「裏社会に搾取されないための知恵」を渡すことができる。そう考えて二〇一八年からYouTubeを始めて、おかげさまで今ではトータル五五万人を超える登録者の方に恵まれることができた。

そんな僕が今、一番「どうにかしたいこと」がある。

――**それは「多くの若者が裏社会の悪党に騙されて搾取されてしまっている現実」だ。**

急に裏社会と言われても、ほとんどの若い人はピンとこないかもしれない。

だけど実は、その脅威はすぐそこに潜んでいる。

僕が何をもって「裏社会の悪党」と言っているかというと「脅しや洗脳によって、人から搾取することを生業《なりわい》としている奴ら」のことを指してそう言っている。

もしかしたら君は、「自分は騙されないから大丈夫」と思っているのかもしれない。だけど、その思いは少々注意が必要だ。僕が相談に乗って力になってきた、裏社会に騙されて困った状況に陥ってしまった人はみんな「自分は大丈夫」と、かつて思っていた人だ。それだけ、裏社会にいる悪党は善良な一般市民を騙して搾取するためのテクニックを熟知している。さらに言うと、ここ近年では「表の社会と裏の社会」の線引きが非常に曖昧になってきて、悪党が表立って人から搾取するケースも散見される。

多額の借金を負わされたり、詐欺や犯罪の片棒を担がされたり、その結果、怖い脅しを受けるようになったり、奴隷のように働くはめになったり、体を売るはめになったり…君の知らないところで、そういった恐ろしいことが日常茶飯事でいま起きてしまっている。

「社会」の科目だけでなく、実は「裏社会」も人生の必須科目

その悪党が目を付けている一番のターゲットは「何も知らない若者たち」だ。ほとんどの大人たちは裏社会について知らないし、触れたがらない。だから当然、若者たちは社会に出る前に「裏社会のやり口」を知ることがなかなかできない。そして、手口を知らないからハマって騙されてしまう。そして、前途ある若者たちが人生を棒に振ってしまう。…簡単に言えば、こんな構図になってしまっている。

だから、学校でみんな「社会の科目」は学んできたと思うけど、これに加えて「裏社会の科目」も人生の必須科目だと僕は思っている。「裏社会の悪党の手口」の基本を事前に知っておけば、格段にそれに騙されなくなる。この書籍は、そのための教科書だと思ってくれていい。

YouTubeで深く学べる

この書籍には、僕だからこそできる新しい試みが組み込まれている。

まずは書籍として文章を通じて「悪党の普遍的な騙しの手口」を詳しく紹介する。しかし、これだけでは不十分だと思っている。なぜならば悪党の手口は、今この瞬間も、刻一刻と新しいものにアップデートされて変化しているからだ。この変化にも対応してこそ、人生を守っていくことができると僕は考えている。

だから本書では、文中に載せているQRコードから、僕のYouTubeチャンネルの動画に飛んで学べるように設定してある。こうしておくことで、書籍として「普遍的な悪党の手口」を伝えながら、YouTuberとして「最新の悪党の手口」を両方伝えられて、多くの若者たちの人生を守ることができると考えた。

読み進めながら気になったテーマがあったら、ぜひYouTubeに飛んで動画からも学んでみてほしい。

若者と大人が一緒になって人生を守る方法を学ぶべき

この書籍では若者に向けて「裏社会から人生を守る方法」を伝えていくけど、ぜひ大人の方も一緒になって読んでもらいたい。若者の力になれる大人が増えるほど、助かる若者は絶対に増えていくと僕は考えている。

お子さんがいる方は、子どもの未来を守るために読んでほしい。お子さんがいなくても、自分の後輩たちの未来を守るために読んでほしい。

ではここから、もと裏社会の人間である僕だからこそ伝えることができる「裏社会から人生を守る方法」を紹介していく。この書籍によって日本の若者の未来が、ひいては世界の若者たちの未来が希望に溢れたものになることを、僕は切に願っている。

令和六年三月吉日

目次

第三章――知るべき〝社会の落とし穴〟……75

第一章

裏社会から若者を守る

華やかな世界には落とし穴がある

「裏社会」に喰われないために

君たちは「裏社会」とか「夜の世界」と聞いて、どんなイメージを浮かべるだろう？　キラキラした街、夜通し踊れるクラブ、着飾った派手な水商売の男性と女性、お金を使って楽しそうに遊ぶ大人たち。……最近の若い子だと、もしかしたらそういうイメージで「かっこいい感じ」「憧れ」「行ってみたい場所」として映っているのかもしれない。だけど僕は伝えたい「そんなことは決してないんだよ」と。

もちろん、そういう華やかな側面があるのも事実だけど、それはほんの氷山の一角。君たちが知らないその氷山の全体像のほとんどは「実は汚くて、恐ろしい」ということを知っておかなくてはいけないんだ。

僕は、自分のYouTubeを運営するなかで「若い頃に〝裏社会がらみ〟で酷い目にあってしまった大人たち」から、沢山の相談を受けてきた。みんな、自分の経歴にも、自分の心にも、大きな傷を負ってしまっている。その人たちはみんな不良でもなんでもない〝普通の若者〟だった。なのに「ただ、知らなかった」というだけで、搾取されたり詐欺事件に巻き込まれたりして、裏社会の喰い物にされ、酷い目にあってしまったんだ。

そしてそれは〝昔の話〟ではなくて、現在進行形の話だ。もっと言えば、昔は「表の社会」と「裏の社会」の線引きがハッキリしていたから分かりやすかった。ヤクザはヤクザの格好をしていたから、誰も近寄らなかった。しかし、最近はその境界線が非常に曖昧になってしまった。普通のスーツを着たヤクザや私服のチンピラも沢山いる。

そして裏と表の境界線が曖昧になった分、「裏社会の搾取」に知らないうちに騙され巻き込まれてしまう若者が実際のところ急増している。この現実をどうにかしたくて、僕はこの「若者を守るための本」を書いた。

これはぜひ、若者世代の人たちだけでなく、若者の親である大人世代の人たちにも読んで知ってもらいたい。詳しくは後述するけれど、若者を裏社会の被害から守るためには、「若者にとって身近な大人」が知識と経験を身につけて、頼れる存在になることも重要なんだ。

だから、この本はあくまでも若者向けに書いているけど、大人の人も一緒になって読んでほしい。できることなら学校の先生も読んで「若者の守り方」を知ってほしい。

もうこれ以上、若い人たちを裏社会の被害者や加害者にしないために、大人と若者で力を合わせて〝互いを守り合える〟。そんな理想の世の中を僕は作っていきたい。

若者のたちの「記録」と「記憶」を守る

「じゃあ若者の何を守ったらいいのか?」という話になってくるけど、少し哲学っぽい話をすると、それは「記録」と「記憶」だと思うんだ。言い方を変えると、記録と記憶は「その人の人生そのもの」と言うこともできる。

――これはどういうことか?

まず記録。これはその人の「経歴」や「これまで生きてきた人生の歩み」のことを指してそう言っている。この記録に傷がついてしまうと、特にこの日本では、えらい事になってしまう。これは「元ヤクザで、前科持ち」という経歴を持っている僕自身が体感していることだ。本当に生きづらくなる。

それこそ僕は、今は更生して、困っている人を助ける活動をしているけど、未だに過去の自分の経歴がさまざまな場面で自分の足を引っ張ってしまっている。

「自分の記録に、イヤな傷をつけてはいけない」。これは「昔やらかした側」

の僕だからこそ言えることだ。

そしてもう一つの「記憶」も守らないといけない。これはその人の「経験したこと」や「生きていくなかで自分に作られる思い出」みたいなものだと思ってくれればいい。誰だって自分独自の記憶がある。経験したこと、学んだこと、見聞きしたことなど、あらゆる出来事が「自分の記憶」になっていく。

…そこでもし、もの凄く酷い経験をしてしまって自分の記憶に傷がついてしまうと、トラウマという言葉に代表されるように、なかなか癒えない心の傷になってしまう。考え方や人生観も変わってしまうかもしれない。これで苦しんでいる人たちを僕は沢山見てきた。もちろん、全てのイヤな経験を回避することはできないし、経験してしまってもそこから立ち直ることだってできる。だけど、「しなくていい経験」は事前に知って避けることができるし、危ない経験も察知する能力を上げることで出遭う確率を下げることができる。だから、「大切な自分の記憶を守る」という感覚を育んでほしいんだ。

学校では学べない「まさか」を知る

〜記録の傷〜「知らなかった」では済まされない

学校では絶対に教えてくれない「知らなかった」では済まされない危険なことが、この世の中には沢山あるんだ。次に「まさかの事例集」を紹介したい。

・ある女の子が、暴走する趣味がある彼氏のバイクの後部座席に乗せてもらった。

⇓もし彼が暴走して警察に捕まったとき、違法だと知らずに後ろに乗っていた女の子も捕まることになる。

・「簡単なバイトだから」とネットで知り合った人に言われて、自分の銀

行の口座に入金されたお金を、後ほど指示された相手に振り込んだ。しかし、その相手は詐欺師だった。

⇓「何も知らずにやっただけ」でも、その詐欺に加担したとされて、一発逮捕されることだってある。

・「ちょっと預かっておいて」と友達に言われた〝謎の袋〟を自分のカバンに入れていた。その袋の中身は、実はドラッグだった。
⇓薬物所持で逮捕されることになる。

・「これは合法のドラッグだから」と先輩に言われて試してみた。だけど実は違法だった。
⇓「違法だと知らなかった」としても、実刑になる可能性がある。

・スマホの充電が切れそうだったので、公共の施設で勝手に充電をした。

⇓「公共の施設だから問題ない」と勘違いしていただけだとしても「盗電」「窃盗」ということで検挙される可能性もある。

こういう出来事って、普通に身近にありそうじゃない？　そして、その身近にありそうな出来事で、その人は「知らなかっただけ」なのに逮捕されて実刑がつく可能性があるって知っていた？……知らなかった人が多いのではないかと思う。

成人年齢引き下げについてもっと注目するべき

みんなもご存じのことと思うけど、二〇二二年の四月から「成人年齢の二〇歳から一八歳への引き下げ」が施行された。これはどういうことかと言うと、「前までは二〇歳を超えてから負う責任を、一八歳になったら早くも負ってしまう」ということなんだ。

少年法という若者を守るための法律がある。これも成人年齢の一八歳への引き下げによって改正された。つまり、前までは一八歳や一九歳で犯した罪なら処分が比較的軽かったけど、今では厳罰化されるようになっていたりする。

一度罪を犯した人に対して、日本には救済措置がない

詐欺、ドラッグ、暴走、窃盗。「知っていてやった」か「知らなくてやった」かに関わらず、一度罪を犯してしまった人に対して、日本は非常に冷たい国なんだ。たとえば自分の過ちがニュースに出たり、ネットで拡散されてしまったりすると、「冷ややかな目で見られ続ける」とか、「なかなか就職できなくなる」とか、「結婚しづらくなる」とか。精神的な意味でも、経済などの現実的な意味で見ても、冷遇され続けることになってしまう。特に「知らなくてやってしまっただけ」なのに、こんなことになってしまうのは悲しすぎる。

今の世の中では、身近な出来事で簡単に犯罪歴がついてしまって、自分に何も悪気はないのに、自分の記録に傷がついてしまうことがあるんだ。だから「知らなかったでは済まされないことがある」と、ここで知っておいてほしい。

～記憶の傷～「酷い経験をしないために」

それから「自分の記憶」も守らないといけない。つまり、トラウマになってしまうような酷い経験をしてはいけないし、そういう出来事に近づかないために「危険を察知する感性」を磨いておかないといけない。

――本当に「ちょっとした出来事」が発端となって、酷い経験に巻き込まれてしまった女の子がいたんだ。

その子は親とケンカして家を飛び出した。行くところがないから夜の繁華街で時間を潰していた。ここまではよくありそうな話だと思う。だけどその子に目を付けた汚い大人がいたんだ。その大人は「泊る所がなくて困っているなら、力になろうか？」と善人を装ってその子に近づいてきた。そして、その子は純粋にその大人を信じて付いていってしまい、ホテルに連れ込まれて酷い目にあってしまった。取り返しがつかないほど大きな心の傷を負ってしまったんだ。『家出をしても親切な大人が助けてくれる』。こんなのは幻想だ。まずあり得ないと知ってほしい。

それから他の女性の話になるけれど、その子は大学生で遊びたい盛り。そんなときに東京の繁華街で友だちと遊んでいて、ホストクラブの客引きに声をかけられた。「1500円で飲めるよ」って。その子自身はホストに興味がなかったから断ろうと思っていたけど、一緒にいた友だちが興味半分で「行こう」と言い出して、その場のノリでホストクラブに行くことになってしまった。

そして運悪く、そこで出会ったホストの口八丁に惑わされてしまい、本気で恋愛感情を抱いてしまったんだ。…そこから彼女は、ホストビジネスに身も心も搾取されてしまう。1500円なんて安い料金は初回だけで、次からは平気で一回数万円の料金がかかるようになる。そのホストを応援するために、高いドリンクを注文するようになってしまう。当然、バイト代では賄えないから、クレジットカードや「売掛金」という形でその子はホストに多額の借金を負わされてしまった。

…そこからどうなったか。今まで甘く優しかったホストが、急に牙をむいて「料金支払いの催促」を猛烈にしてくるようになった。さらには「稼げる仕事を紹介する」と言って、女の子を風俗店に斡旋することで、支払うように仕向けたんだ。その子はそれから「風俗で体を売ってはホストに貢ぐ」という泥沼の悪循環に巻き込まれてしまい、大事な二〇代前半の青春時代をそれに費やしてしまった。そして最後に残ったのは自分を苦しめる「酷い記憶だけ」。そうやって、心に大きな傷を負ってしまった。

彼女は、もともとはホストに興味がなかった。悪気はなにもない純粋な若者だった。なのに「ホストの手口を知らなかった」というだけでこの酷い出来事に巻き込まれてしまった。これは彼女だけじゃない。そういう若者が山ほどいる。

女の子だけじゃない、男の子もまた、酷い経験に巻き込まれてしまうことがある。

その男の子はSNSで「お金が欲しいな」と呟いたんだ。これが全ての始まりだった。その呟きをもとに知らない人がコンタクトを取ってきて、その少年は「短期間で簡単に高額稼げるバイトがあるよ」と誘われた。バイトの内容を聞いてみたら、本当に簡単で「指定の場所でお金を受け取って、人に渡しに行ってほしい」という内容だった。何も知らない少年はそれに食いついてしまい、相手に言われるがままに自分の身分証を提示して、そのバイトに参加してしまった。…だけどそれは、詐欺の片棒を担ぐ「闇バイト」だったんだ。少年は後からそれに気づいて「辞めたいです」と願い出たら、今度は依頼主から猛烈な脅迫を受けるようになった。身分証を出してしまったものだから「家まで行くぞ」と脅されたり「お前も共犯者なのだから警察に突き出すぞ」と脅されたりして、結局辞められなくなってしまった。そして最後は、依頼主から罪を擦り付けられたうえで尻尾を切られるようにして、少年は逮捕されてしまった。

自分の経歴にも、自分の記憶にも、大きな傷を負ってしまったんだ。
ことの発端は「お金が欲しい」と呟いただけ。そして悪党のやり口を事前に知らなかっただけ。これだけだった。

他にも沢山の「裏社会による若者の搾取」が存在していて、その影響で純粋な前途ある若者たちが、自分の記録（経歴）と記憶（心）に大きな傷を負ってしまう。そして被害者にも、加害者にもなってしまう。このような傷は絶対につけてはいけない。

社会の「表と裏」の両面を伝えたい

若い頃に「やらかした側」だから言えること

繰り返しになるけど、僕は昔「裏社会側」にいた。言ってしまえば「若い頃にやらかした側」の人間なんだ。だから、この世の中にいる悪党の「汚い手口」を嫌になるほど見てきた。

僕は裏社会にいたけれど、その汚い手口には絶対に手を染めたくなかった。ドラッグはご法度だし、刺青もいれなかったし、若い子を騙して搾取するなんてことはやらなかった。だけどそんな僕も、いろいろな事件に巻き込まれる形で合計一〇年間の懲役を食らうことになった。そして刑務所から出所してからは、裏社会との関係を完全に断って、更生して表社会に復帰した。

今では表の社会で、YouTubeを通じて困っている人たちの力になる活動を行っている。詐欺に巻き込まれて困っている人、知らないうちに犯罪に手を染めてしまって困っている人、若い頃に酷い目にあってトラウマで苦しんでいる人…沢山の人の悩み相談に乗って、力になってきた。

僕は、裏社会の問題も、表社会の問題も、両面を経験して熟知している。この経歴を持っている自分だからこそ、みんなが今後の人生を安心のなかで謳歌するための「人生を守る知恵」を伝えることができる。そう考えたんだ。

先述した通り、この世の中は「知っておかないと危険なこと」が本当に沢山ある。一歩間違えて道を踏み外したら、裏社会の搾取に巻き込まれてしまうかもしれない。そして、記憶と記録に大きな傷がついてしまうかもしれない。

——そんな事には、絶対にさせたくない。

ここから、もっと具体的に「この社会の実態と危険性」を把握してもらって、「危険から自分を守る方法」を伝えていきたい。

第二章

この社会の実態を知ろう

日本の若者に危機が訪れている

日本の良いところ

第一章では日本社会の怖い話やイヤな話を沢山してしまったけれど、じつは、日本は「良いところ」なんだ。

海外と比べて、という話になってしまうけど、まず基本的に「日本は治安がいい」。海外では、日が暮れてから外に出ると暴漢に襲われる危険性が高い場所が沢山あるんだ。男女問わず、年齢問わず、暴漢に襲われる可能性がある。だけど日本においては、そんなこと滅多にないよね。夜中に近くのコンビニまでふらっと出歩いても、急に襲われて身ぐるみ剥がされるなんてことは、基本的にない。もちろん注意する必要は大いにあるけど、日本はそのくらい治安がいい場所なんだ。

「日本人の国民性」も、世界的に見たらとても秀逸だと僕は思っている。よく例に挙げられる話だけど、なにか大きな災害があって住む場所が荒れてしまったときでも、日本人は本能的に周りの人を大切にする。物資が少なくて皆が困っている状況のとき、ちゃんと列を作って並んで、順番を守って支援物資を受け取る。…日本人的にこれは当たり前の感覚だと思ってしまうけれど、やっぱり海外だとこうはいかないらしい。多くの国では災害時に、略奪や強盗が多発するし、「我先に」という意識が強すぎて支援物資を受け取る順番なんて守れない人が多くて荒れてしまう。そんな状況になってしまう。

もっと身近な例だと、「財布を落としても拾ってくれる人が圧倒的に多い」というのも有名だよね。海外だと、目の前を歩いている人が財布を落としたときに、拾って届けてくれる人なんて滅多にいない。それどころか、財布を落とす前にスリという形で盗むことも日常茶飯事だ。日本では、こんなことはなかなかないよね。目の前の人が財布を落としたらちゃんと届けるし、スリの被害も世界的に見てかなり少ない。

もちろん、日本人だって荒れることはあるし、悪い奴も沢山いる。だけど、確率で見たら「海外と比べてかなり少ない」と言うことができるんだ。これは、和（調和）を大事にする日本人の国民性が表れているのだと思う。

それに日本では、義務教育も中学卒業まであって保障されている。多くの若者が高校まで卒業することができる。つまり、その気があればいつでも「安心安全に学べる環境」が日本では保障されているんだ。そのおかげで日本において「文字を読み書きする能力」である識字率は、ほぼ一〇〇％だし、基本的にみんな読み書きや算数などの「生きるために必要な最低限の学力」で困ることはない。日本にずっといるとそれが当たり前になってしまってこの価値に気づきづらいけど、ほとんどの海外の国では全く違う。

世界で見ると、たとえばアメリカの「文字の読み書きができない人」は、なんと東京都の人口よりも多い。

これはアメリカの貧富の格差による教育の格差が原因だけど、「読み書きができない人」は当然のように、賃金の安い仕事にしか就けなくなってしまう。または「違法性のある仕事」をするしかなくなってしまう。その結果、治安は悪くなるし、教育格差が広がってしまう…この悪循環が続いてしまっている。

前に偶然YouTubeで「アメリカの街中インタビュー動画」を見たけど、そこで算数の「三×三×三は?」という質問に答えられなかった若者が結構いて衝撃を受けたことがある。後から聞いたら、アメリカではそれは珍しいことではないらしい。

だから日本で暮らしている若い人たちには「生きるために必要な最低限の学問を、安心安全のなかで学べる環境が保障されている」ということが、世界的に見たら特別なんだということを知っていてほしい。

さらに言えば、日本の警察や消防を代表とした「行政サービス」は手厚い。君が困ったとき、君が適切に助けを求めれば助けてくれる「行政の仕組み」がちゃんとあるんだ。海外だと、こうはいかないからね。

だからこそ大事なのは、詳しくは後で書くけど、「自分が緊急事態のときでも助かる方法は必ずある」という事実を知ることと、それに加えて「適切な〝助けの求め方〟を知ること」と「〝助けを求める勇気〟を持つこと」なんだ。

日本の悪いところ

「日本の良いところ」を知ってもらったら「日本の悪いところ」も同時に知ってもらいたいと思う。「悪いところ」と言うより「これから悪く危険になってくるところ」と言った方が正しいかもしれない。

・危機管理意識の低さ

「治安が良くて平和な日本」の副産物かもしれないけど、日本人は「危機管理意識」が凄く低くなっている。先述した通り、この日本でも人を騙して搾取することを生業としている悪党は腐るほどいて、奴らは手ぐすね引いて「騙せそうな人」をいつも探している。どんな人だって、一歩間違えたら奴らに搾取されてしまう危険が潜んでいる。…なのに多くの人がその危機の存在を知らないし、対処方法も知らない。言ってしまえば「平和ボケ」と呼ばれる状態になってしまっている。これは、実はすごく危ない状態だ。

・裏と表の社会秩序の悪化

これも先述した通りだけど、今の日本は昔と比べて「表社会と裏社会の線引き」がかなり曖昧になってしまっている。そして裏社会にいる悪党は、より狡猾によりバレないように、善良な若者を騙す方法を磨き続けている。

ずっと昔から裏社会はあって極道はいたけど、昔の極道には「強きを挫き、弱きを助ける精神」があった。もともとの「極道」という言葉の由来は「その道を極める人」というものだった。つまりは、安全で公平な社会を作るための抑止力となる用心棒的な立場で、そこには厳格なルールや哲学があったんだ。男としての気骨を売る商売という意味で、極道は「男を売る稼業」なんて言われていたりした。

だけど今の極道の人たちは、金儲けのためなら何でもありの「極悪非道」になってしまった。時代を追うごとに様々な規制が強化されたことで極道は従来の用心棒的な手段では食えなくなって、よりバレない、よりアンダーグラウンドな手法で金を稼ぐようになった。もともとあった極道の哲学や精神性が、今ではなくなってしまった。

そして、日本の政策もあって「外国人の日本への移住」はどんどん増えてきた。これによって日本へ移ってきた海外マフィアも増えたことで「金のためなら何でもあり」の流れは加速してしまった。

決して人種差別的なものではないけど、海外マフィアと関係のない、一般の外国人の移住が増えていくことも、これから問題になってくると予想できる。もちろん、日本人と同じような常識や倫理観を持ち合わせている外国の方も沢山いる。だけど、そうではない人も沢山いる。ようは日本人的なマナーや常識が通じない人が沢山日本に移り住んでくる。その結果、これから日本の治安が悪化してしまうことは、普通にあり得る話なんだ。以前のように、夜中にふらっと一人でコンビニに出かけることができなくなるかもしれない。

そしてさらに、日本で三〇年以上続く不景気の影響がある。ここにきて、いよいよ生活が苦しくなる人が本当に沢山いる。お金がない若者が沢山いる。するとどうなるだろう？……お金欲しさに非人道的な方法でお金を稼ぐ人が増えてくるかもしれない。安易に体を売る選択をする女性が増えてしまうかもしれない。「楽して高額を稼げる」という甘い言葉に乗せられて詐欺の片棒を担いでしまう人もいるかもしれない。

――とにかく、これからの日本は、今まで以上に「社会に潜む危ないこと」が増えてくる。

注意しないといけないことは、この危険性の増加と逆行して、依然として日本人は「危機管理意識の低い、平和ボケの状態」つまり「騙されやすい人が多い状態」が加速していることなんだ。このギャップによって、これから多くの人が被害にあってしまう可能性が非常に高いと僕は考えている。

なぜ「騙されやすい人」が増えたのか

まずは「騙されやすい状態」を知る

今の人が昔の人と比べて騙されやすくなってしまった背景には、先述したとおり「平和ボケ」もあるけど、これだけじゃない。この原因を紹介していく前に、まずは、そもそも〝騙されやすい〟ってどんな状態なのかを共有したいと思う。

ここで「騙されやすい状態」をリストアップする。自分が当てはまっていないか、自分の周りの大切な友だちが当てはまっていないか、ぜひチェックしてみてほしい。

《騙されやすい状態》

・悪党の「騙しの手口」を知らない
・感情的になりやすい。冷静になれない
・目先の欲に駆られてしまっている
・相手の考えを理解し、分析することができない
・信じ込みやすい。考え方のパターンが少ない
・善悪の判断基準を持っていない
・反抗したい気持ちが強くある
・危険を察知する感性が備わっていない

悪党の「騙しの手口」を知らない

これは大前提。騙しの手口を知らないから騙されてしまう。当然、悪党は「手口を知らない人」に対して騙しを仕掛けてくる。そして手口を知らなければ、

簡単に騙されてしまう。

感情的になりやすい。冷静になれない

感情的になってしまっている人ほど、騙しやすい人はいないんだ。奴らは君たちに対して「不安と安心」「恐怖や希望」などのネガティブとポジティブの両方を与えて、君たちの感情に揺さぶりをかけて、落とすための誘導をする。

分かりやすい例だと、散々「不安」を与えて怖がらせたあとに「こうすれば安心だよ」と誘導してくる。感情に振り回されやすいと、その示された安心に飛びついてしまう。そして「その安心が搾取のための落とし穴だった」ということは、よくあることなんだ。詳しくは三章で伝える。

「目先の欲」に駆られてしまっている

「すぐにお金が儲かる」とか「すぐに異性との素敵な出会いがある」とか、こういった目先の欲求に飛びつきやすい人は、間違いなく騙されやすい。悪党は欲を刺激して君を誘導してくる。

相手の考えを理解し、分析することができない

コミュニケーションの基本は「相手の考えを理解すること」。これが苦手だと、やっぱり騙されやすくなってしまう。悪党と出会ってしまったとしても、相手の頭の奥底にある考えを読み取って分析できるようになれば、騙されずに済むんだ。

信じ込みやすい。考え方のパターンが少ない

若者、大人に関わらず「信じ込みやすい」「すぐ鵜呑みにする」という考えの人は要注意だ。悪党は疑う気持ちがない善良な人に対して「嘘を信じ込ませる手法」を熟知している。

善悪の判断基準を持っていない

「ここから先は、超えてはいけない」「これ以上は、やってはいけない」この線引き、すなわち「分別」を自分の中に持ち合わせていないと、詐欺や犯罪に巻き込まれる確率が一気に高くなる。分かりやすく言えば自転車の運転で「これ以上スピードを出したら危ないな」と分かっている人は事故を起こす確率が低いよね。これと同じように「これ以上進むと、悪い方に行ってしまう」という判断基準を心の中に持つことが大切なんだ。

反抗したい気持ちが強くある

親や先生への反発心で「危ない事をしてみたくなる」「やってはいけないことに手を出してみたくなる」という気持ちに駆られることがある。誰もが通過する〝反抗期〟というやつだ。これは人間の成長過程で当たり前に訪れる時期だし、また周りの大人に決められた考え方から独立して自分の頭で考えられるようになるための必要な時期だ。だけど、気をつけなくてはいけない。反抗期であれ何であれ、超えてはならない一線はある。それを超えてしまうことで大きなトラブルに巻き込まれてしまうことだってある。

危険を察知する感性が備わっていない

経験を積んでいくと、初めて会う人の顔を見ただけで「この人は何か怪しいな」とか「この人の言うことは簡単に信じない方がいいな」と感覚的に分かるようになってくる。新しい場所に行っただけでも「この場所の雰囲気は危ないな」とか「この場所に長居するべきじゃないな」と感覚的に分かるようになってくる。つまり「危険を事前に察知する感性」が備わってくる。

言い方を変えると、この感性を持ち合わせていないと、騙されやすい状態になってしまうということだ。

…少し難しく感じるかもしれないけど、これらが「騙されやすい状態」だ。そして、そうなってしまったのは、基本的にその人の責任ではない。この日本社会の在り方や、時代の変化が原因となって「騙されやすい状態の人」が増えてしまっているんだ。それをここから説明する。

騙されやすくなった6つの原因

騙されやすくなった原因①
大人と若者の関係性が希薄になった

意外と思うかもしれないけど、僕はここに大きな原因があると思っている。

昔は今よりも「大人と若者」がしっかりと関わっていた。学校でも「これをやってはダメだ」と生徒に対して厳しく叱って指導してくれる先生がいた。学校の外でも「これをやったら危ないからね」と教えてくれる大人が沢山いた。そのおかげで、若者は社会に出る前に「これはやらない方がいい」「これはやっても大丈夫」という、真っ当な〝善悪の基準〟を身につけることができたんだ。

もっと言うと、社会に出る前の若者に対して「本当の社会科見学」に連れていってくれて、若者の経験値を増やすことに貢献してくれる大人もいた。実践的に「大人になってからの遊び方」を教えてくれたり「仕事の仕方」を教えてくれたりした。この大人がいてくれたことで、若者は社会に出る前に〝社会に出てからの生き方〟を知ることができて、悪党に騙されにくくなったんだ。

だけど今は、時代が変わった。
――大人と若者が深く関われなくなってしまった

たとえば学校では「先生から生徒への厳しい指導」が禁止された。その結果、極端に言えば、腫れ物に触るように生徒と接する先生が増えてしまった。もちろん厳しい指導が禁止された背景には、先生による行き過ぎた体罰や、パワハラやセクハラがあったからで、禁止されたことで良くなったことは沢山あるんだけど、とにかく先生の指導の仕方がかなり規制されるようになった。

そうなると今度は、その規制がある中で、毅然とした厳しい指導を試みた先生を責め立てる親御さんが登場してくる。いわゆるモンスターペアレントという類の方々だ。そういう親御さんの監視もあるので、なおさら先生たちは委縮して、生徒と距離を取るようになる。

ようするに、今と昔を比べると、今の先生は立場が非常に弱くなってしまったんだ。指導方法は制限されて、やるべき業務と責任は増えて、今の先生は本当に大変な思いをしていらっしゃる方が多い。ストレスを抱えてしまい、時間的にも精神的にも余裕がなくなってしまっている。

このような状況だから、先生が若者に対して「これをやってはダメだ」と善悪の判断基準を教えるような機会も激減してしまう。その結果、大人としての生き方を何も知らないままに、高校卒業と同時に社会に放り出されるような若者が増えてしまっている。そして、その騙しやすい若者に目をつけて、裏社会の悪党が搾取をしている。こんな状況なんだ。

大人と若者の関係性が希薄になっているのは、なにも学校だけではない。学校の外でも、同じような理由で大人と若者が距離を取るようになっている。

野球選手のイチローも、野球部に所属する若者に対してこう言っていた。

「今の時代、指導する側が厳しくできなくなっています。これは酷なことです。高校生に、自分に厳しくして自分で上手くなるよう求めるのは酷なことですが、でも今はそうするしかなくなっています。」

もちろん、行き過ぎた厳しい指導はあってはならない。だけど「健全な成長のために必要な厳しさ」は存在している。甘々でゆるゆるなコーチの元では強い選手はなかなか育たない。しっかり指導してくれて、間違ったときは叱ってくれる厳格なコーチがいる野球部の方が選手は強くなる。

これと同じようにして、大人たちが「やってはならないこと」「踏み入ったら危険なこと」を曖昧にして甘々で若者と向き合ったら、当然のように若者は「騙されにくい大人」には育たないんだ。

「厳しくされる」「叱られる」って抵抗感を覚える人が多いと思うけど、自分が間違えたときに「叱ってくれる人がいる」って、実は本当に有難いことなんだ。これは大人になって社会に出ると分かる。大人になると間違ったときに叱ってくれる先輩は、ほぼいないからね。

ほとんどの先輩たちは、君が間違っても指摘せず叱ってくれずに「見放す方」を選ぶから。間違いを指摘してくれる人がいるから、自分の改善点に心底気づけて反省できて、人は成長していける。

――だけど、これはすごく難しい問題なんだ。

さっきも言ったように、厳しい指導ができなくなった背景には、「大人たちから若者への行き過ぎた体罰があったこと。パワハラ、セクハラがあったこと」がある。男女問わず、生徒を性的な対象として捉えて接近してくる変態的な先生も少なからずいる。言ってしまえば「大人たちの人格の質の低下」で規制が設けられて、このような状況になってしまった。つまり「騙されやすい若者が増えている原因」は、これまでの大人たちにあると言える。

だからイチローの言う通り、酷なことを言うようで申し訳がないけれど、若者は「自分たちで、騙されない大人になる方法」を学んでいくしかない状況になってしまっている。

騙されやすくなった原因②　社会全体で「他者との関わり」が希薄になった

大人と若者のみならず、大人と大人同士でも、若者と若者同士でも、「他者との関り方」が希薄になっている。

これはどういうことかと言うと、昔と今を比べたときに「うちはうち、よそはよそ」の考え方が急増しているということなんだ。

昔は「地域での付き合い」「町ぐるみの付き合い」というものがあった。ご近所さんにも普通に挨拶したし、お祭りなんかを通じた交流が沢山あって、家族や友達のように接してくれる「町の人」が沢山いた。こういう繋がりがあったおかげで、町の誰かが困った状況に陥ったときに「助け合える他人」が沢山いた。

――だけど、今はどうだろう？

多くの人が「積極的に、他人と関わらないようにしている」。家のお隣さんともできる限り関わらないし、挨拶もしない人が多い。住んでいる地域の「仲の良い他人」が限りなく少ない。実際のところ、そうなっていない？

こうなってくると、もし家のお隣さんが困った状況になったとき、助けようとも思わないし、そもそも困った状態になっていると知ることもできない。同じようにして自分が困った状況になったときに、助けようと働きかけてくれる他人がどこにもいない。「うちはうち、よそはよそ」「極端な自立」「極端な自助努力」。そんな風潮の強い世の中になってしまった。

……これも難しい問題で、他人との人間関係が希薄になってしまった背景には「他人のことを考えるための、時間的、金銭的、精神的な余裕がないこと」もあると思うし、ストレス社会によって「人間関係のトラブルを生み出すタイプの人」が増えてしまったこともあると思う。

何であれ、結果として「村社会的な息苦しさは少なくなったけど、一方で地域の助け合いも激減している」ということになっている。こうなってくると騙されて窮地に陥ったとき、もっと言えば騙されそうな状態に陥っているとき、周りにいる他人に助けてもらえる確率がかなり低い世の中になっているということなんだ。

騙されやすくなった原因③
「親教」の問題

「親教」とは、親が子どもに教育するということではなくて「親が、子どもにとっての〝宗教の教祖的な立場〟になってしまう」という意味の言葉だ。こうなってしまうと、子どもは騙されやすい状態になってしまう。

――どういうことか？

「他人との関わり」が希薄になったこの社会において、子どもたちがメインで関わる大人は「自分の親」ということになる。そうなってくると、子どもに対して過干渉になってしまう親も増えてくる。

子どものことを大事にするがあまり、極端に言えば「こうしなきゃダメ」「親に逆らっちゃダメ」と子どもの意思決定を制御するようになってしまう。そうなると子どもとしては「狭い世界で信じられるのは自分の親だけ」「親の考えが全て正しい」「親の考えに絶対に従わなくてはならない」という、一種の洗脳状態になってしまう。この子どもと親の関係性を「親教（親が教祖）」という言葉が言い表している。これが、騙されやすい子どもを作っているんだ。

そうなる原因のひとつは、「親の考え」「親の価値観」という、非常に限定された物の見方しか育めなくなってしまうことだ。親の意見が絶対なんてことは決してないのに、あまりにも強い親教の中で育った子どもは、「親の意見が全て」と思い込んでしまう。そしてその子は、絶対者である親の期待に応えるために自分の感情を抑圧して「親にとっての良い子」を精いっぱい演じるようになってしまう。これでは、親を越える子どもが育成されない。こうなってしまうと「親以外の多様な考え方や価値観」に触れるチャンスを失って、人生の経験値が激減してしまう。

人は自分が積んだ経験によって自分の感覚を育んでいく。経験値が低いと、やっぱり悪党の騙しや搾取にも気づけない人になってしまう。

原因のもうひとつには「親教」から脱却するための過剰な反発心がある。幼少期からある程度大きくなるまでは「親教」に従って生きてきた子が、あるとき急に自分の親子関係のおかしさに気づいて、自分を束縛してきた親に対して強烈に反発をするようになることがある。そして、親への反発を示すために、非行に走るようになるケースがある。夜遊びをするようになり、繁華街の危ない場所に通うようになり、悪い人間関係とつるむようになるかもしれない。そういう人間関係から、詐欺や売春やドラッグなど、裏社会の搾取システムに巻き込まれてしまう可能性もある。

家族だとしても、親子だとしても、みんなそれぞれ違う個性と価値観を持った「違う人間」なんだ。親の価値観が絶対ではないし、親の意見が全て正しいわけではない。だけど、少し長く生きてきた分だけ、大人の方が知識と経験を持っているのもまた事実だ。

――大事なのは、親子であったとしても「相手の本音を尊重して、対等に話し合うこと」ではないだろうか

僕も親として、自分の子どもと対等に話し合う中で、自分が知らなかった沢山のことを学ぶことができた。そして僕の子どもも、僕の意見から沢山の考え方を学ぶことができている。

だから、親の立場にある人たちに言いたいことは「子育ては共育」ということなんだ。

――教育ではなくて「共育」

「子どもだから、大人の方が正しい」「子どもは自分の所有物」なんて考えは絶対に持たずに『子どもと対等に接する中で子育てをして、自分も子どもの意見から学んで成長していこう』という〝共に人格を育む親子の関わり方〟が必要なんだと思う。

そして、子どもの立場にある人たちに言いたいことは「親の意見は絶対じゃないよ」ということ。だけど「親の意見も一つの考え方であることは間違いないから、聞こうね」ということ。耳を傾けて「そういう意見もあるんだね」と受け入れられるフラットな視点を持つことが大事だと僕は思う。

そして「親だって、わりと最近まで子どもだった」という事実も、理解してあげないといけない。みんな、ほとんど初めての子育てを経験して、一杯一杯な状態なんだ。子どもとして、口には出さなくても、その親の気持ちを分かってあげられたら、いい親子関係が築けると思う。

だけど、君の親があまりにも支配的で暴力的な「毒親」と呼ばれるタイプの親だった場合、これは冷静に対処しないといけない。考えるのも辛いけど、子どもに対して虐待をする親も少なからずいる。

そういうときは、信頼できる学校の先生がいるのなら、その人に勇気を出して相談してほしい。もしいないなら、行政の「児童相談所」に連絡を取って相談をしてみることだ。

寮のある学校に進学をして物理的に親から離れるとか、働ける年齢になったら一人暮らしを始めるとか、平和的に毒親から離れる手段も色々とあるからね。まずは、学校や行政の頼れる大人との相談関係を作るところから始めてほしい。「騙されやすくなった原因」とは少し話がずれてしまったけど、ここは重要なことなので伝えておきたい。

騙されやすくなった原因④
同調圧力

インターネット、SNS、メディア。ご存じの通り、これらはここ十数年で物凄く発展した分野だ。ほとんどの人がスマホかPCを手元に持っていて、いつでも情報にアクセスすることができるようになっているよね。だけどこの発展とともに「息苦しさ」を感じている人も、実のところ沢山増えている。これはなぜだろうか?

――その大きな原因が「同調圧力の強化」という部分にあると僕は考えている

インターネットやメディアを通じて「最新の流行」「主流」がすぐに共有されるようになった。SNSを通じて「みんなの動向」を人々が相互にチェックできるようになった。こうなってくると、どうしても「いま流行りの主流から、逸脱するようなことはできない」という心境になってしまう。ファッションや音楽やエンターテイメントの流行もそうかもしれないし、社会的な最新のテーマもそうかもしれない。こういった「みんなが同意していると言われているもの」に逆らうのが難しい世の中になってしまった。仮に自分が「みんなと違う意見」を持っていたとしても、「みんなの意見」に流されてしまう。

つまり、インターネットで繋がったことによって、「誰が作ったか分からない〝民意〟みたいなものに、みんなが縛られるようになってしまった」と言えるんだ。みんな、周りの人の意見を気にしながら生きている。周りの人と自分の意見が食い違わないように気にしながら生きている。これが「同調圧力」だし、現代の息苦しさの大きな原因になっている。

――ここで伝えたいのは、この同調圧力が強い状態になってしまうと「騙されやすい人も増える」ということなんだ。

どういうことかと言うと「大多数の意見が正しい」と思い込んでしまうと、

その意見に違和感を覚えることがあったとしても、そのまま鵜呑みにするようになってしまう。つまり「自分が感じた違和感を無視してしまう」ということになってしまう。……そうなるとどうなるだろう? 「自分が覚えた違和感を、自分の目でちゃんと確かめる」という経験を失ってしまうということになるんだ。そして多くの人が「自分の感覚」を確かめて磨くチャンスを失ってしまう。

——はっきり言うけど、健全に経験を積んで大人になれば「自分の直感」「自分の違和感」はよく当たる。

怪しい人がいたら「怪しい」と感じられるようになるし、近づかない方がいい人がいたら「距離を取ろう」と感じられるようになる。悪党に騙されないためにも、この感覚を磨いていくための経験を積むことが本当に大切なんだ。

もっと言えば、マスメディアが作り出す流行にも、間違いがあると僕は感じている。最近だと「ホストは親切でかっこいい」とか「刺青をいれた悪い風貌の人がかっこいい」とか。こういう作られた流行も、裏社会に憧れる一因を作ってしまっていると思う。

騙されやすくなった原因⑤
コミュニケーション不足と自己肯定感不足

――コミュニケーションの不足

最近の若い人に「騙されやすい人」が多くなってしまった一番大きな原因は、ここにあると僕は考えている。ネットの普及もあって、人と人が直に触れ合う機会が大きく減ってしまった。そしてさらに大きな出来事として、ここ数年ではコロナ禍があったよね。このコロナ自粛のせいで、学校の授業はオンライン化されて、若者の「友だちと触れ合って遊ぶ経験」が激減した。

――コミュニケーション能力は、人間関係の経験を積むことで育まれる。

コミュニケーションをしないと、コミュニケーション能力は絶対に育たない。友だちと面と向き合って会話をするなかで「相手の考えを読み取り受け取って、自分の考えを伝わりやすく渡す」という経験を沢山積める。これがコミュニケーションの基本だ。

ときには意見の食い違いでケンカすることもあるだろうけど、その中で若者たちは「意見の食い違いの乗り越え方」を体感的に学んでいける。ケンカや議論をする中で感情が揉まれて「自分の感情を上手くコントロールする方法」も体感的に身につけていける。

だけど多くの若者たちはコロナ禍で、このコミュニケーションの機会に圧倒的な損失を食らってしまった。すると当然のように「相手の考えを読み取る」という経験も減るし「自分の考えをうまく伝える」という経験も減るし「意見の食い違いを乗り越える」という経験も減る。そのままでいると、圧倒的に「コミュニケーション能力が低い状態」になってしまうんだ。

――悪党が騙して搾取するのは、コミュニケーション能力の低い人だ。

逆を返せば、コミュニケーション能力が高い人は「悪党の考え方を読み取る力」があるし「悪党の誘いを断る力」もあるし「困ったときに、頼れる人に助けを求める力」も持っている。それに悪党に脅されたりしても感情的にパニックにならず「冷静に立ち回る力」を持っている。この能力がある人を悪党は騙せないし、搾取を仕掛けることはできない。

加えて言うと、コミュニケーション能力が低くなってしまった人が増えてくると「その人の価値」を認め合う出来事も減ってくる。ようは「人を褒めること」が上手い人が減ってしまう。…そうなってくるとどうなるか?「自分には価値がある」と感じるための自己肯定感が低い人が増えてしまうんだ。そして人は、承認欲求を強く求めるようになる。この自己肯定感不足と承認欲求につけ込んで、悪党が唆してくるケースが多々ある。

――さらに付け足すと「マスクで顔を見られなくなったこと」も、騙されやすい人が増える大きな原因だ。

実は、相手の「顔つき」や「表情」って、本当に沢山のことを自分に教えてくれるんだ。人と直に関わって、相手の顔の変化を見ながら会話する経験を積んでいくことで「相手の表情から、相手の内面を読み取る力」が身についていく。これが身に着くと「ヤバそうな人」は表情で感じ取れるようになるし「ウソをついたかどうか」も顔つきで感じ取れるようになってくる。

しかし、コロナ禍ではマスクで顔を隠して会話をすることが増えた。当然、会話の中で受け取れる「顔の情報」は激減する。そうなると「相手の表情から、相手の内面を読み取る力」も身につかなくなる。するとやっぱり、危険を察知する感覚が磨かれないことになってしまい、騙されやすくなってしまう。

――この時代的な逆境の中で、若者たちには大変な苦労を背負わせることに

なってしまった。

だけどその一方で、この逆境を乗り越えるようにして、すごく能力の高い若者も出てきている。オフラインのコミュニケーションが不足した分、オンラインのコミュニケーション能力に卓越している子もいる。会話が不足した分、メッセージアプリでの文章による会話能力に卓越している子もいる。おかしな出来事が沢山ある時代に生まれたからこそ、物事を深く考える思考力のある若者も誕生している。

だから、コロナ禍で若者たちは大変な苦労を背負ってしまったけれど、その一方で、今までの時代を卓越して新しくしていける可能性も、今の若者たちに秘められていると僕は感じている。

騙されやすくなった原因⑥
寿命が延びたこと

最後に、意外だと感じるかもしれないけど「人の寿命が延びたこと」もまた、若者が騙されやすくなっている一つの原因になっていると僕は考えている。

——これはどういうことか？

「最近の三〇歳の精神年齢は、バブルの時代の二〇歳の精神年齢」みたいなことがよく言われている。つまり、今は昔と比べて「精神年齢がマイナス一〇歳」になっていると言われている。僕からしてみると、これは体感的に当たっている意見だと思う。

——バブル世代の人はみんな「八〇歳くらいで寿命が来る」と思いながら生きていた。だけど今の人はみんな「一〇〇歳くらいで寿命が来る」と思いながら生きている。

分かりやすくするために、さらに江戸時代くらいまで遡った昔で言うと、江戸時代の人たちは「五〇歳くらいで寿命が来る」と思いながらみんな生きていた。みんな生まれてから死ぬまでは「五〇年くらい」という気持ちで考えていたからこそ、人生設計と年齢に伴う精神年齢が違っていたんだ。たとえば江戸時代の成人式は元服と言って「男子は一五歳」で「女子は一三歳」だった。もうその歳で「自分は大人だ」という自覚を持っていたということなんだ。

これと同じ理由でバブル世代の人たちは「寿命八〇年」で考えていたからこそ、今の「寿命一〇〇年」で人生を考えている人よりも相対的に「自分は大人だ」と思う時期が早くて、精神年齢が高かったんだ。

つまり、ありがたいことに寿命が延びてきたおかげで「人生の濃度」みたいなものが薄く広がって、精神年齢は低下傾向にあると言える。

——**これは、悪い事ばかりじゃない。**

精神年齢が低下傾向にあるとは、言い方を変えれば「年をとっても若々しい人が増えている」ということもできる。少し前まで、還暦を迎えた六〇歳の人は「ご老人」という在り方だったけど、今の六〇歳の人たちってバリバリ現役で活躍しているし、見た目も精神的にも若々しいじゃない？　これはすごいいことだと思う。

だけど反面で、若者の精神年齢が低下傾向にあることで「〝自分は大人だ〟と責任感を持った行動をとれる年齢」が引き上がってしまったと言えるんだ。今では一八歳で成人扱いされて社会に放り出されるのに、今の一八歳のほとんどは「〝自分はまだ子どもだ〟」という意識で生きているということなんだ。このギャップがある。そうなると「責任感のある選択をしよう」と行動する人は少なくて、悪党に流されるように騙されて、道を踏み外してしまう若者が増えてしまう。

長くなってしまったけど、このご紹介した①～⑥の大きな原因でもって「今の人は昔の人と比べて、悪党に騙されやすくなってしまった」と言えるんだ。

若者たちは、どう生きればいいのか？

「じゃあ、若者たちはこれからどう生きたらいいのか？」という話になるんだけど、それはここまで読んでくれた人ならお分かりの通り、

――いま置かれてしまっている「騙されやすい状態」を解決していけばいい、ということになってくるんだ。

そのために、まずやらなくてはいけないことは

――悪党が使う「騙しの手口」を知ること

これに尽きると僕は考えている。

どんな状態に置かれていたとしても「騙しの手口」を事前に知っていれば、その騙しに引っかかることはなくなっていくよね。

まずは「騙しの手口」「悪党のやり口」「やったら危ない事」つまりは〝社会の落とし穴〟を事前に知って、予防することによって、危機管理能力を高めていくことができるんだ。次の第三章では、その具体的な手口をテーマごとに紹介して伝えていく。

第三章

知るべき〝社会の落とし穴〟

知らないとハマる「社会の落とし穴」

この章では、事前に知っておくべき「社会の落とし穴」をテーマごとに紹介して、その危機から自分を守る方法を具体的に説明していく。

①お金と仕事関連テーマ
②恋愛と遊び関連テーマ
③メンタル関連テーマ

どれも、全ての人に関係がある、自分の人生を守るための大事なテーマだ。

それぞれのテーマを深堀りする「YouTube動画のQRコード」を設置した。この本では書ききれない「危険なこと」や「悪党のエグい手口」については、このYouTubeを通じて解説したいと思う。

そして知ってほしい重要なことは、

――**詐欺や犯罪などの悪党の手口は、今この瞬間も新しい形に変化している**

ということなんだ。

だからこそ、僕がこれからこのYouTubeを活用することで、新しい悪党の手口が誕生したら素早く動画を更新して、みんなに伝える。書籍の良さを活かして「普遍的な身の守り方」を伝えながら、YouTubeの良さを活用して「最新の身の守り方」を伝えていく。僕だからできる、新しいスタイルだと思う。

お金と仕事に潜む罠

解説動画①

まずは「お金と仕事関連」の社会の落とし穴からご紹介したい。この社会で生きるために「お金」に関係がない人はいないよね。まだ働いていない学生の立場だったとしても、お金は生きるために必要だし、関係がある。そして、そのお金を社会に出てから稼ぐための「仕事」もまた、全ての人に関係がある。

…だけど、お金と仕事は誰にとっても重要なテーマなのに、誰もがみな人生の初心者だから「それについてよく知らない」という現実がある。その隙を突くようにして、悪党は君たちに騙しを仕掛けてくる。これに騙されないために、お金と仕事について予め勉強しておく必要があるんだ。

「見栄と物欲」の落とし穴

誰だって、友達より一歩先に抜きん出て、周りの人により良く見てほしいという「見栄」があると思う。そして、見栄を張るためにモノが欲しいという「物欲」もあると思う。これがあることは当たり前だし、決して恥ずかしいことなんかじゃない。だけど、そこから始まる落とし穴を知っておかないとマズいことになるんだ。

SNSなどで同年代の人たちの生活を覗ける時代だからこそ、自分も負けたくないから見栄を張りたくなる。だけど、考えてみてほしい。今の世の中は、メイク、ファッション、ブランド品、遊び方、アプリ課金など、見栄と物欲のためにお金を使おうと思ったら「天井がないもの」が沢山ある。

たとえば、SNSで友達が高級ブランドのバッグを片手に持った素敵な写真をアップしていたとする。それを見た自分も負けじと高級ブランドのバッグを買ったとする。…ここで満足しないのが「見栄」なんだ。バッグが手に入ったら、今度は「洋服」でも負けたくなくなるから、そのバッグに見合う洋服を買いたくなる。洋服の次は、靴かもしれない。そして髪型かもしれない。こうやって、一つ新しいものを買うとそれに見合ったものを揃えたくなる人の心理があって、これを心理学の用語では「ディドロ効果」と言ったりする。さらに言うと、高級なものを買って自分のランクが上がった錯覚をすると「さらに上のランクの人」と張り合いたくなる心理も働いてくる。見栄のための物欲というものは際限なく湧いてしまうものなんだ。

そして、物欲が際限なく湧いてしまうと、当然のように多額のお金が必要になってくる。だけど、まだ仕事の知識や技術や経験が少ない若い子が多額のお金を稼ごうと思ったら、基本的に沢山の努力と学びが必要になってくるよね。そうなったときに「頑張って学ぶぞ」と思ってポジティブに努力できるなら素晴らしいことなんだけど、多くの人はそんな努力をしたくないから「楽して稼ぎたい」という欲に駆られるようになってしまう。その「楽して稼ぎたい欲求」に、悪党はつけ込んでくる。犯罪歴を負って経歴が傷つく「闇バイト」を紹介してくるかもしれないし、心に傷を負う「体を売る仕事」を紹介してくるかもしれない。見栄と物欲から始まる「楽して稼ぎたい欲求」に気をつける必要があるんだ。

この落とし穴の解決策としては、まず「常に、自分より上の存在はいる」という大前提を知っておくことだ。どんなにお金を使ってブランド品で自分を飾ったとしても「さらにお金を使って着飾っている人」は存在している。極端に言えば、石油王の娘には、この競り合いで勝つことは不可能なんだ。

――「どんなにお金を使っても、この見栄と物欲を満たしきることはあり得ない」

――「『見栄を張りたい』『足りない』という欠乏感をモチベーションに自分を満たそうとしても、永遠にその競争は終わらない」

こう考えて、見栄を張り続ける自分の未来をシミュレーションしてみると、虚しくもなってくると思う。そうなったときに、強すぎた欲求はちょうどいい位置に収まってくれる。

そしてもう一つの知っておくべき大事なことは「自分の人としての価値は、お金では買えない」ということなんだ。お金を沢山使ってどんなに自分をブランド品で固めたとしても、自分の人としての価値は別に変らない。逆に、質素な服装だからと言って、その人の価値が低いなんてことは絶対にありえない。

…じゃあ本当の「人としての価値」って何だと思う？
それは「〝価値のある人格〟を持っていること」なんだ。

…じゃあさらに「価値のある人格」って何だと思う？

――それは「人を大切にする想い」が強い人格だ。

少し難しい話に思えるかもしれないけど、僕たちが人間である以上、人間として一番価値が高いのは「人を深く大切にできること」だ。もし大金持ちでも、人を雑に扱うような人格の持ち主だったら、その人に人としての価値はないと思う。有名人でも、人を雑に扱うような人格の持ち主だったら、その人に人としての価値はないと思う。

一方で、経済的や社会的な地位がそんなに高くなくても、人を大切にする人格を強く持っていて、実際に人を大切にして生きている人は、その人は人としての価値が非常に高い。

ブランド品や社会的な地位や学歴なんかで見栄を張って生きるより、自分の人格を磨いて他者を深く大切にできる方が人生は幸せになる。そして「自分の人格は磨かれている」という自覚は最高の優越感を与えてくれる。だから、見栄と物欲が強すぎて悩んだときは「人としての価値は、お金では買えない」と思い出してほしい。

〈解決策〉
・上には上がいて「見栄に切りはない」と知る
・自分の人としての価値は、お金で買えないと知る
・目指すべきは「人を大切にする想い」の強い人格

電子決済の落とし穴

もう一つ、前提として知っておいてほしいことは「最近の電子決済ブームの危険性」についてだ。電子決済って何かと言えば、代表的なものだとクレジットカードやスマホの「〇〇払い」という形で料金を支払うことだったり、現金を財布から出すことなく一発タッチするだけで支払いを済ませることができるサービスのことだ。クレジットカードについては、高校を卒業した一八歳以上であれば作れるというルールになっている。

――だけど「お金を知らない状態」で電子決済に慣れることには一抹の不安がある

その不安は何かと言うと、電子決済という支払い方だと「お金を使うことの精神的なハードル」が一気に下がってしまうということなんだ。

僕みたいな大人世代は、若い頃から基本的に「現金払いが基本」だった。自分が払うときもそうだし、自分が稼いだ給料を貰うときも現金だった。これの何が良かったかと言うと「このくらい働くと、このくらいのお金を稼げる」「このくらい使うと、このくらい減る」という、お金を稼ぐことや使うことに関するリアルな感覚を養えたことだと思う。この感覚があったことで、お金を計画的に稼いで、その稼ぎの中で計画的に使っていくという当たり前に大切な計画性を身につけることができた。

だけど、今の時代は、自分が払うときも貰うときも「電子決済」が基本になりつつある。この時代に「お金に関する感覚」を知らない状態で社会に出てしまうと、収支の計画を正確に考えることなく、情動的に直感的に買い物をしてしまう人が増えてくる。高額な商品をためらいなくピピっと買ってしまうことにもなるし、少額でも度重なる課金をしてしまい高額の支払いをすることになってしまう。

――世の中の悪党は、この「お金を使うことへの精神的なハードルが下がっている状態」を見逃さない。

みんなの欲や感情を刺激して「欲しい！」と感じさせて、抵抗感なく高額商品やサービスを購入させるための誘導を仕掛けてきている。

電子決済は社会的に推し進められており、この流れは止まらない。だからこそ、これから社会に出る若者たちは「電子決済はお金を使うことへの精神的なハードルを下げてしまう」という危険性を知った上で、ちゃんと働いて稼いで、その自分の稼ぎの中で計画的に使うという「お金に対するリアルな感覚」を養っていかなくてはならない。

〈解決策〉
・電子決済が「お金の感覚を鈍らせる」という事実を知る
・計画的に稼いで使うという「お金のリアルな感覚」を身につける重要性を知る

信用取引の落とし穴

信用取引って何かと言うと「取引の際に直接現金を支払わずに、後で支払いを行うこと」。つまり、商品やサービスを受け取った後に支払いを行う取引形態のことなんだ。「この人はちゃんとお金を払う」という信用を基盤としているから「信用取引」と呼ばれている。先述したクレジットカードもこの信用取引だし、あと身近なところでは「スマホの月額料金の支払い」も、スマホを使ったあとに請求金額が確定して支払うわけだから信用取引だよね。それから、ホストの奴らがお客さんの女の子によく仕掛けてくる「売掛金」や「つけ」も信用取引と言える。

信用取引の怖いところの一つは「そのときに、自分にお金がなくても購入できる」という部分なんだ。もちろん、これが信用取引の利点とも言えるけど、考えてみてほしい。自分の収支の計画性を持ったうえで使う信用取引なら問題はないけど、「お金に関する感覚が鈍い状態」で使う信用取引は、単純に言ってすごく恐ろしい。売り手に乗せられて、身の丈に合わない買い物をするための「借金」を簡単にできてしまうような状況だからね。

――表の社会でも、この信用取引を安易に考えてしまっていると「自分の経歴」に傷がつくことになるんだ。

たとえば身近な「スマホの月額料金の支払い」の信用取引においては銀行か

らの自動的な引き落としが基本。だけどけっこう沢山の人がやりがちなことととして、銀行に事前にその料金を入金することなく「督促状が届いてから、コンビニで払えばいいや」と思ってやっている。そうなると「自分の金融の信用」という経歴に傷がつくことになるんだ。要するに「この人は、ちゃんと料金を納めない、信用できない人です」という社会的なレッテルが貼られてしまうことになる。…この傷がついてしまうと、今後不便で生きづらい状態になる。自分が家を買うときにローンを組もうと思っても、信用がないからローンを組めなくて家が買えないなんてことにもなりかねない。または自分が起業することがあったとして、銀行から融資を受けようと考えたときに、自分に信用がないから融資を受けられないなんてことにもなりかねない。

つまり、金融の信用に傷がついてしまうと、自分の人生の足を引っ張ることになってしまう。そして、信用取引が身近なこの時代だからこそ、この危険性を知らないということが大きなリスクになってくる。

――裏の社会でも、この信用取引を安易に考えてしまっていると「自分の心」に傷がつくことになる可能性がある。

代表的な例だと、やはりホストクラブが仕掛けてくる「売掛金の問題」だと思う。彼らは別に「お金持ちのセレブ女性」ばかりをターゲットにして商売しているのではない。「普通の経済状況の女の子」もターゲットにして商売をしている。そういう普通の女の子がホストにハマってしまうと、何百万円という「今の自分の稼ぎでは支払えないような金額」を使うはめになる。当然のように「ハマっているからお金を使いたい。だけど払えない」という心境になる。そんなときにホストが仕掛けてくるのが「売掛金」という信用取引なんだ。簡単に言えば「支払いはツケ」ということだし、これも簡易的な借金だ。そしてホストの連中は、お客さんの女の子の売掛金が貯まってくると、ホストの上司から「命がけで回収しろ」と脅される。そして、ありとあらゆる方法で女の子をコントロールして、その売掛金という借金を払うように催促してくる。あとは、お決まりのパターンだ。「稼げる仕事紹介するよ」と、その女の子を風俗に落とすよう仕向けてくるんだ。そして、心に傷を負ってしまう女の子が沢山いる。

ホストの常套句がある。

「今その子に支払い能力があるかどうかは関係ない。支払い能力は、お金を使わせた後に、身につけさせるものだから」

こんなことが常識になっているのがホストなんだ。

まずは「信用取引を甘く見ないこと」。甘く見た結果、自分の経歴や心に傷がついてしまう可能性があるということを事前に知っておくこと。これが大切だ。そして「お金を計画的に稼いで使う」「身の丈以上の無理な買い物をしない」という感覚を養うことの重要性を同時に知っていくことなんだ。

〈解決策〉
・信用取引を甘く見ない
・身の丈以上の無理な買い物をしない金銭感覚を磨く

学歴社会の落とし穴

この本を読んでくれている人の中には「学歴があった方が幸せ」「学歴イコール人としての価値」と思っている人も多いかもしれない。もちろん、一昔前は「学歴があった方が、高い収入を得やすい」「収入があるから、とりあえず幸せで、自己肯定感を持てる」という社会的な構造があった。だけど今は、その構造が破綻し始めているんだ。

まず、高学歴だったとしても、就職に困る人たちが増えてきている。「大学生の入りたい企業トップ3」にランクインしていた企業が、コロナ禍で破綻して、ブラック企業化してしまっているという話もある。さらに言うと、これは人から聞いた話だけど、日本一難易度の高い大学の卒業生が自分で会社を起業したときの「倒産する確率は」なんと「九六％」らしい。大学で勉強したからと言って「自分で稼ぐ能力」が上がるわけではないということなんだ。

「この大学に入れた」という自分の経歴があると、就活生を面接する企業の人事の人は「この人は、暗記する能力と、情報を処理する能力と、目標に向かって頑張れる能力がある」と分かりやすく判別することができる。「その能力がある人は、ある程度問題なく、無難に我が社で働いてくれるだろう」と判別できる。「学歴」自体の主な価値って、ここだけだと僕は思う。

…だから僕が言いたいのは「学歴があった方が幸せ」「学歴イコール人としての価値」ということでは、必ずしもないということなんだ。学歴は、一八歳の入学時の偏差値に過ぎず、人生はその時の偏差値では測れない。

だけど、日本の学校は基本的に「進学」を目標にカリキュラムが設定されているから、学生たちは当たり前のように「進学こそ全て」と思うようになりやすい。そして受験をして、うまくいかなくて、自分が望むような学歴を得られなかったときに「自分には価値がない」なんていう劣等感に駆られてしまう。学歴コンプレックスというやつだ。これで苦しんでいる人は、日本社会において、実は本当に沢山いるんだ。

先述した「見栄」にも関連するところだけど、誰もが「優越感を得たい」という思いを心に持っている。これは悪い事じゃない。ただ良くないのは、この社会において「優越感を得る方法」が非常に限定的になってしまっていることなんだ。言ってしまえば「学歴と収入と社会的地位」という価値観でしか、優越感を得られないよう刷り込まれている。…決して、そんなことはないんだ。人の価値は、それだけでは測れない。

そして、その限定的なゴールに向かって、みんなを無理やり競争させているように見える。その競争がしたい子ならそれを頑張ればいいんだけど、当然のように「その競争に参加したいと思えない子」もいる。そういう子たちは当然、競争するモチベーションも上がらないから、いい結果も掴みにくくて、その時に自己肯定感を失ってしまう。

――「自分の幸せの形」を、自分で知ること。

周りの誰に言われたでもなく、消去法で決めるでもなく、まずは「自分はどう生きたいのか?」「どう生きれば自分は幸せなのか?」ということを、自分で知ってあげること。これは「自分独自の幸せの形」でいいし、それがいいんだ。

そして、その生き方のために「自分はどんな資格やスキルが必要なのか?」「何を学ぶことが必要なのか?」を知っていくことだ。それを見つめていった際に、学歴が必要ならそれを取りに行くだけだし、特に必要がないと思えるなら、別に学歴はいらないんだ。

今では、知識を学ぼうと思ったら大学だけじゃない。それこそYouTubeもある。ビジネスからITからデザインまで、いろんな専門性を持った人たちが親切に深い知識や技術を教えてくれている。「学びに困らない時代」がもう来ている。

――僕は、学歴がない。だけど全く、関係ない。

おかげさまで経済的にも困ってはいないし、今はやりがいのある活動や仕事と出会えて、僕は日々幸せを感じている。そして僕の周りにいる「幸せそうな人」を見てみると、その人は別に学歴主義者ではなかったりする。むしろ、自分や他人の学歴にこだわらない人の方が、人として魅力的な人だと僕は感じる。

――気をつけるべきは「奨学金」との向き合い方。

もちろん、安心のために「とりあえず進学」という方針でもいいと思う。だけど考えておくべきは「奨学金との向き合い方」だ。

学歴を得るためには、当然のように「学費」がかかる。ピンキリだけど私立大学だと四年間で大体三〇〇万円~五〇〇万円かかる。それを払えそうにないときは「奨学金を借りる」という方法で、学費を賄うことができる。だけど借りるタイプの奨学金って、「学生の借金」なんだ。これを忘れてはならない。

大学を卒業した瞬間に、借金返済生活が始まることになる。…かといって、在学中にそれを稼ごうとしたり、または奨学金を借りずに自力で在学中に働いて学費を稼ごうということになると、難しいことになる。大学で勉強しながら学費を稼ぐために「楽に高額を稼げる」という謳い文句に惹かれてしまい、違法なバイトや、体を売るようなバイトに手を出してしまう若者が少なくない。

だから「奨学金との向き合い方」が大事なんだ。借金までして、自分の幸せな人生設計のために学歴が必要なのかどうか、深く考えてみる必要がある。


〈解決策〉

- **「学歴があるイコール幸せ」ではないと知る**
- **「自分の幸せの形」を自分で知ってあげる**
- **「奨学金との向き合い方」に気をつける**

闇バイトの落とし穴

近年「闇バイト」という言葉をよく見かけるようになった人もいるかもしれない。闇バイトとは何かと言えば「違法行為、犯罪行為をすることでお金を貰うアルバイト」のことだ。ようは落とし穴というか、これはダイレクトに犯罪行為なんだ。「絶対に、やらない、関わらない」この覚悟を持ってほしい。

誰でも犯罪行為だと分かるはずなのに、なぜこの闇バイトが横行して社会的な問題になっているのかと言えば、「簡単に、楽に、高額稼げる」という謳い文句に釣られてしまう人が多いからなんだ。また、悪党の手口として「闇バイトだと相手に悟られないように、誘ってくる」というものも沢山ある。これも当然で「闇バイトやりませんか?」「闇バイトで一緒に稼ごうぜ!」と素直に勧誘してくる悪党は少ないよね。

このことは何度も繰り返し伝えてきたけど、悪党は何も知らない若い人たちに仕掛けてくる。たとえばSNSで君が「お金が欲しいな」と呟いたとする。悪党たちはその呟きを見つけてきて、善良な市民を装って「簡単に稼げる仕事、やりませんか？」と君にアプローチをしてくる。奴らが提案してくるのは、本当に簡単そうに見える仕事内容だ。「待ち合わせ場所で袋を預かって、人に渡すだけ」とか。「君の銀行口座に振り込まれたお金を指定された口座に入金するだけ」とか。本当に沢山の手口があるからここでは紹介しきれないけど、このような「簡単そうに見える仕事内容」を提案してくる。…それでもし、それが闇バイトだと知らずに参加してしまったときに、恐ろしいことが待ち受けている。

大体の場合、奴らは君の「身分証明書の提示」を求めてくる。そして奴らは、この犯罪の証拠を残さないために「機密性の強いメッセージアプリ」でのやり取りを求めてくる。そして君がこのバイトに参加してしまったら最後、抜けられないルートに入ってしまう。そのバイトの危険性に後から気づいて「辞めたいです」と言っても、君が提示した身分証明書をもとにして、奴らは脅しを仕掛けてくる。「辞めさせない」「自宅に押し掛けるぞ」「学校に連絡するぞ」「警察に突き出すぞ」みたいな脅し文句だ。この脅しの恐怖でもって、そのバイトから抜けられない気持ちになってしまう。また奴らは、参加した君をトカゲのしっぽ切りのように、保身のために簡単に切り捨てる。ようは罪を君に擦り付けて、逃げる。そうなったとき、君が逮捕されてしまう可能性がある。闇バイトに関わってしまうと、犯罪歴がついて「自分の経歴」に傷がつくことになる。それをやってしまった罪の意識や、その関係者からの脅しから「自分の心」にも傷がつくことになる。

——知っていたか、知らずにやったかは関係ない。

どちらにしても、脅されるし、逮捕される。
だから闇バイトは「絶対に、やらない、関わらない」この覚悟を持っておくことが重要なんだ。

解決策としては、まず「楽して簡単に儲かる仕事」なんてものは存在しないと知ること。これを知っておけば、その謳い文句で君を誘導しようと悪党が近寄ってきても、騙されずに済むからね。儲けたかったら、儲けたい分だけちゃんと頭と体を動かして働くことなんだ。

――「働くの語源」を理解しておくことも重要かもしれない。

働くという言葉の語源の一説には

「はた（他者）をらくにする（幸せにする）」

という由来がある。つまり「本当の働き方、良い仕事」というものは、自分が働くことで誰かを幸せにするような仕事のことなんだ。だから、誰かを騙して稼いだり、誰かから搾取して稼いだりするような仕事は、本来の意味での「働く」ではない。この視点で、自分に提案される仕事を見ていくと、悪い仕事に騙される確率は激減していく。

――変な連絡手段を求める人に気をつけろ。

あと具体的な対策としては、ＳＮＳで仕事を持ちかけられたときに「機密性の高いメッセージアプリ」で連絡を取りたがる人とは、関わらないようにすることだ。奴らは自分の犯罪の足がつかないように、こういうアプリを使いたがる。

《闇バイトなどの犯罪に悪用される6つのアプリ》
・「Telegram（テレグラム）」
・「Signal（シグナル）」
・「Wickr me（ウィッカー）」
・「Tor Browser（トーアブラウザ）」
・「Groundwire（グランドワイヤー）」
・「捨てメアド」

機密性が高いとは、メッセージのやり取りのデータが流出することなく守られているという意味で本来は良いことなんだけど、犯罪に使われたときには「警察の捜査が困難」という状況を生み出してしまう。だから犯罪者はこういうアプリを使いたがるんだけど、これはとても難しい問題だ。

もちろん、これ以外の一般的なメッセージアプリで裏バイトを勧誘してくる悪党もいる。だけど「よく知らないアプリでのメッセージのやり取りを求めてくる人」がいたら「これは強く警戒するべき対象だ」と、いち早く判断がしやすくなるはずだ。

〈解決策〉

- **「楽して簡単に儲かる仕事」なんてものは存在しないと知る**
- **「働くの語源」を知ったうえで、仕事内容を見る**
- **「機密性の高いメッセージアプリでのやり取り」を求めてくる相手には要注意**

「体を売る仕事」の落とし穴

性風俗、もっと言えばアダルトビデオなど「自分の体を売ることで、お金を稼ぐ」という仕事が存在している。これは、女性がメインだけど、男性側にもある。もしプロフェッショナルな意識でもって「それを仕事にしたい」と自らの意思で考えているなら僕には止められないけど、「お金が必要だから、仕方なく」という消極的な気持ちで「体を売る選択」は絶対にしないでほしい。それは先述した通り、自分の心に傷を負う結果になってしまうから。

――女性が消耗品として消費させられてしまっている

仕事の基本は「年齢の積み重ねで経験値が増えて、スキルやノウハウが増えて、報酬が増える」という形になっていると思う。しかしこの「体を売る仕事」に関して言えば、それと逆行している現実がある。女性も男性も「若ければ若い人ほど、報酬が高い」「歳をとればとるほど、報酬が低い」というものになっている。これって、すごく不自然な仕事のあり方だと僕は思うんだ。まるで経年劣化で価値が低くなる消耗品のように、扱われてしまっている。

この裏側には「より若い人」を性的に求める大人たちの欲求がある。その欲求自体は仕方がないことなのかもしれないけど、その欲求に歯止めがきかなくなって、未成年との性交渉まで求める大人が増えてしまっていることが恐ろしいことだと思う。この違法的なニーズを満たすために、違法的な「体を売る仕事」が横行してしまっている現実がある。

それに「仕事のスキルが蓄積されない」ということを知るべきだと思う。基本的な仕事はさっきも言ったように「年齢の積み重ねでスキルが増えていく」という構造になっているけど、「体を売る仕事」はそうではない。もちろんそのスキルは存在していると思うけれど、多くの場合は一定の年齢を超えたときに、仕事としては成り立たなくなるスキルになってしまう。

消極的な意思で仕方なくその仕事を始めてしまって、若い頃は儲かるものだから、その仕事ばかりしてしまう。すると「その仕事を辞めた後の、仕事のスキル」を蓄積できないまま、歳をとってしまう。そしてスキルがない自覚があるものだから､体を売る仕事から抜け出すことができない。そんな気持ちになってしまっている人が、実のところ沢山いるんだ。

もちろん「体を売る仕事」に関わってしまったからといって、人生は終わりではない。いくらでも巻き返しができるし、仕事のスキルも学べばいくらでも身につけることができる。だけど、若い頃は儲かるから、お金が欲しいからといって、消極的な気持ちで安易に「体を売る仕事を選択する」ということはしないでほしい。

――いわゆる「パパ活」も、近いものがあると知っておいた方がいい。

最近よく耳にするようになった「パパ活」とは、言ってしまえば法律的にグレーな援助交際のこと。大人の男性が、女性と一緒に食事をしたり買い物をしたりして時間を過ごしてもらうことに対してお金を支払う。そんなお金のやり取りが「パパ活」と呼ばれている。グレーというのは「犯罪になるかどうかの線引き」が非常に曖昧だということだ。

まず十八歳未満の未成年の女性に対してのパパ活は、「一緒に食事をしてご馳走するだけ」でも複数の犯罪が成立する可能性がある。さらに言うと未成年に対しては、同意があったとしても性交渉は犯罪だ。同意・不同意は関係ない。

そして成人した女性に対してのパパ活であった場合、食事や肉体関係を伴わないデートを行った程度であれば、違法性はない。仮に、金銭のやり取りを前提として性的な行為を行った場合、売春防止法に違反する可能性はあるが、同法に違反した場合の罰則規定は定められていない。つまりは未成年に対するパパ活は完全に違法だけど、成人に対しての場合は「線引きが非常に曖昧」ということなんだ。

じゃあ、未成年じゃないし、やっても良いじゃないかと思う人も中にはいるのかもしれないけど、立ち止まって冷静に考える必要がある。「本当にそれは、自分が望んでするすることなのか？」と。

――「食事だけ」「買い物だけ」で満足する人なんて〝まずいない〟ということなんだ。

最初は食事だけでも、やりとりを重ねていくと、もの凄く高い確率で「体の関係」を求めてくるようになる。そして結果として「体を売る仕事」になってしまう。

〈解決策〉

- **体を売ることの危険性を知っておく**
- **体を売る選択をしない**
- **スキルが身に着く仕事を選ぶ**

ブラック企業の落とし穴

裏社会でなく「表社会」でも、善良な若者から搾取する仕事がある。それがブラック企業だ。過酷な労働時間、過重な労働内容、その上に安い賃金。こういう行き過ぎた労働環境を敷いて、入社してくる若者から時間と労力とお金を搾取するような企業が世の中には沢山あることを知らなくてはいけない。そして、知らずにそこに入ってしまった結果、心も体もボロボロにされてしまう人が沢山いるということも知らなくてはいけない。学歴がないと入れないような、一般的には「一流企業」と認知されているところがブラック企業の場合だってある。…そういうところに入ると「これが当たり前なんだ」「ここ以外に自分の居場所はない」という洗脳を受けてしまう。そして、なかなか抜けられなくなってしまう。

――自分の心と体の健康を最優先に考えること

もちろん、事前に自分が入ろうとしている企業がブラックなのかどうかを入念にリサーチする必要がある。これは大前提。だけどもし、入ってしまった企業がブラックで、過重な労働やパワハラで自分の心と体の健康がボロボロに壊されてしまいそうなら「すぐに辞めて次に行く決断」をした方がいい。壊れてしまうと、回復には時間がかかるからね。こだわらなければ「働く場所」は無限にある。自分で作り出すことだってできる。人生の目的は、幸せに生きること。ボロボロになるまで働くことじゃない。

――サードプレイスを持つこと

自分の状況判断や選択に自信が持てないときは「サードプレイス」を持っておくと良い。ほとんどの人が「家庭と職場」という二つの環境しか持っていない。これに加えた「もう一つの環境」を持つこと、つまりサードプレイスを持っていることが大事なんだ。趣味のコミュニティでもいいし、学ぶための塾でもいいし、何でもいい。自分と気の合う仲間がいると、彼らに客観的な判断やアドバイスをしてもらえる。それがあることで、自分の選択の精度が上がっていく。

それにもしブラック企業で追い詰められていたとしても、サードプレイスがあることで「自分の居場所は、この会社だけじゃない」と思うことができて、精神的に楽になることができる。これが重要なんだ。

〈解決策〉

- **入社する前に、その企業のことを入念に調べる**
- **どんなときも「自分の心と体の健康」を最優先に考える**
- **サードプレイスを持つ努力をする**

「恋愛と遊び」に潜む罠

解説動画②

お金と仕事の次は「恋愛と遊び関連」のテーマから、世の中の落とし穴を伝えていきたい。

このテーマもまた、関係がない人はいない。誰だって、自分にとって理想的なパートナーと出会って恋愛をしたいし、心が温かく盛り上がるような遊びをしながら生きていきたい。恋愛と遊びは、ある意味で「人間の本能的な欲求」から生まれていると思う。…だけど、気をつけなくてはならない。世の中の悪党は、この本能的な欲求を利用するようにして、君たちに騙しや搾取を仕掛けてくる。その具体的な手口を知っておいてほしい。

マッチングアプリの落とし穴

「恋愛のための出会い方」において、最近になって主流になってきた方法が、このマッチングアプリだと思う。自分の写真とプロフィールをアプリに登録することで恋愛の相手を探すことができる。もちろん、このアプリのおかげで良い人と出会えて幸せになれた人もいる。だけど「良い事ばかりじゃない」ということを知っておかないといけない。

まず、特に女性側が「やりたいだけの男」に引っかかるという被害が多発している。こちらは真面目な恋愛をしたいのに、相手は真面目を装いながらも、魂胆は「一回会って性交渉をしたいだけ」。そんなことはよくあるんだ。これは、心も体も傷ついてしまう。「あの男に費やした時間は何だったんだろう」という後悔の気持ちに苛まれることになる。そんな雑な男は、避妊してくれるかどうかは分からないし、もっと言えば性病のリスクだってある。さらに酷いケースで言えば、実際にその相手と会ってデートすることになって現場に行ったら、その相手と仲間の男たちがぞろぞろ集まってきて、帰るに帰れなくなって、集団から乱暴をされてしまうことだってある。本当に、気をつけなくてはいけない。

アプリに書かれている、嘘か本当か分からないプロフィールとアイコン画像。それと何回かのメッセージのやりとり。これだけの情報で「相手の信頼性」を見極めるのは、非常に困難だという話なんだ。

酷い目に遭わないようにするためには、第一に「すぐ会おうとする男」には近づかないこと。そして、メッセージのやり取りを重ねて実際に会うことになっても「会う場所」は自分の慣れ親しんだ街や店を選ぶこと。間違っても、相手が選んでくる「自分が知らない場所」や「全く勝手が分からない店」についていってはいけない。

これだけでは足りないかもしれないけど、マッチングアプリで出会いを求める以上、この対策は最低限守っていてほしい。

またマッチングアプリは、ホストの男が「客引き用」に使っているケースも多々ある。普通の男を装ってメッセージを送ってきて、実際に会ったらホストで「今度、店に遊びに来てよ」「安く飲めるよ」なんて言って、ホストによる搾取が始まる入口にもなっている。

自分にとって本当に「いい出会い」を作りたかったら、マッチングアプリというバーチャルな世界を当てにするよりも、やっぱり現実世界にいい人間関係を持つことだと思う。そのためには「自分の目的に沿って、やりたいことをやる」これに尽きる。自分が本当にやりたいことをやっていると、自分の生き方に方向性が生まれる。方向性が生まれると、自分にとって付き合うべき人間関係が分かって整ってくる。つまり、やりたいことをやると「自分と同じように、それをやりたい人」と繋がれる確率が増していくんだ。ようは趣味や感性が合う人と出会える確率が増す。これが、いい出会いの作り方だと僕は思う。

〈解決策〉

・質の悪い男に気をつける
・ホスト客引きアカウントに気をつける
・すぐ会おうとする男には近づかない
・会う場所は女性側が決め、知らない街や店で会わない
・自分のやりたいことを持ち、それに沿っていい人間関係を作る

「恋」の落とし穴

「恋は盲目」という昔からの言葉があって、これはその通りだと思う。人は往々にして、誰かに対して強烈な恋愛感情を抱くと、感情に振り回されて「理性的な判断ができない状態」になる。人間として誰もがこういう仕組みを持っているから、これは仕方がないことだと思う。だけど、そこにつけ込んでくる悪党がいることを知らないといけない。

――感情を振り回してくる人に気をつけろ

よくネットで出回っている恋愛のテクニックでも語られていて、これは全く良くない方法だと思うけど「相手の感情を振り回すことで、相手から意識されるようになる」という方法がある。

感情が振り回される。つまりは一番シンプルなケースだと「不安と安心を行ったり来たりさせられる」。こうやって感情を振り回してくる人がいると、振り回された側の人は、その相手のことを強烈に意識するようになってしまう。つまりその人のことが頭から離れなくなる。そうなったときに人は「相手に恋をしている」と錯覚を起こして、相手にのめり込むようになってしまう。この方法でもって、異性を策略的に落としてくる人がいる。

やはりその代表格はホストだ。ホストはお客さんの女性に対して効果的に「不安と安心」を与えて振り回す術を身につけている。「君が一番大切だよ」と急に優しくしたり、「信じてたのに、ガッカリだ」と急に怒って叱り出したり…

これは彼らの常套手段なんだ。

またはよく問題になる「DV彼氏」の存在もある。その彼氏を持つ女性は決まってこう言う。「彼は暴力的だけど、本当は優しいの」って。これもまた、暴力による恐怖と、たまに見せる優しさのギャップでもって感情を振り回す手法だ。

「ストックホルム症候群」という言葉もある。これは、犯罪者に囚われて監禁された被害者が、なぜかその犯罪者に好意を持ってしまう心理現象のことだ。複雑で巧妙な精神活動があってのことだけど、シンプルに言えば「この監禁された状況のなかで、私が頼れるのはこの人だけ」という心理状態になることで生まれてくる。この現実社会において、別に監禁の状態になかったとしても、「私が頼れるのはこの人だけ」という心理状態にして依存させてくる人がいることを知っておく必要がある。

このような、人の恋心を操る精神的な技法を熟知している悪党がいる。それによって、結婚詐欺やロマンス詐欺に引っかかったり、ホストから搾取されてしまう人がいたり、ＤＶから抜けられない被害者が生まれているんだ。

〈解決策〉

- **「恋は盲目」と知っておく**
- **感情を意図的に振り回してくる異性には気をつける**
- **身体と精神的な暴力、金銭的な搾取を感じたら、すぐにその人から離れる**

ＳＮＳの落とし穴

最近の人はみんな、若者も大人も何かしらのＳＮＳをやっていると思う。気軽に自分のプライベートを多数の人に公開できるのがＳＮＳの魅力だと思うけど、一方で大きな危険性があることも知ったうえで使わないといけない。

一つは、先述したように「闇バイト」などの違法の仕事の誘いは、このSNSが入口になっているケースが多い。また「ロマンス詐欺」もまたSNSが入口になるケースがある。マッチングアプリよりもSNSで繋がった方が「偶然、自然に出会った感」がある。これを利用して、SNSでのやり取りを通じて接近してくる詐欺師がいることも知っておかないといけない。

また「ストーカー被害」も恐ろしい。鍵を付けていない公開アカウントでもって自分のプライベートの情報を出してしまうと、そこからその人の居場所や学校や職場を分析してストーカー行為を行ってくるおかしな人がいる。

聞いた話だと、たとえば「自宅のベランダで撮った写真」をSNSにアップしたとする。自分がどこに住んでいるかなんてこの写真からはバレようがないと思う人が多いけれど、そんなことはない。ベランダの外の風景、外にある電柱に書いてある住所、外に並ぶ建物、そういったあらゆる情報を分析して、ストーカーはその人の住まいを割り出してくる。本当に恐ろしいが、そういう人がいることを知らないといけない。

だから必要な対策としては、まずプライベートの情報を上げる日記みたいなSNSをやるならば、必ず鍵アカウントに設定して、知らない人からは見られないようにすること。自分のプライベートを晒して知らない人が寄ってきたとしても、何もいい出来事は起こらない。

そして、自分の影響力を高めていくためのオープンなアカウントをやるのであれば、「SNSに出していい自分の情報」と「絶対に出してはいけない自分の情報」の判断基準を持っておくことが必要なんだ。絶対に出してはいけない情報とは、たとえば「住まいの場所が分かるような情報（写真）」や「自分が通う学校や職場が分かってしまう情報（写真）」が代表的だと思う。教室の風景や着ている制服とかでも、ストーカーは簡単に通う学校を割り出してくる。絶対に気をつけないといけない。

もちろん、鍵アカウントに設定したとしても、自分をフォローしている友達が勝手にオープンなアカウントで自分の投稿を利用してしまうことだって起こりえる。だから基本的には、ＳＮＳでプライベートが筒抜けになるような投稿をしない方がいいと僕は思っている。

〈解決策〉
・ＳＮＳで「自分のプライベートな情報」が筒抜けになる危険性を知っておく
・「出していい情報」と「出してはいけない情報」の分別を身につける

遊ぶ場所の落とし穴

「遊びたい」「楽しいことをしたい」。これは健全な欲求だし、誰だって楽しみたい。特に若い人なら「大人になったらこういう場所で遊んでみたいな」という憧れもあると思う。それは当然、公園とかじゃなくて、深夜の繁華街とか夜通し踊れるクラブみたいな、年齢が低かったころは行けなかった場所になってくる。もちろん、二〇歳を超えてお酒を飲める年齢になったらこういう場所へ遊びに誘われる機会も出てくると思う。だけどやっぱり、危機管理能力を持っておくために「荒れた場所には、荒れた人間がいる」ということを知っておく必要がある。

――「割れたガラス窓の理論」という言葉を知っているだろうか？

これはアメリカの犯罪学者ジョージ・ケリングが考案した「建物の窓が壊れているのを放置すると、誰も注意を払っていないという象徴になり、やがて他の窓もまもなく全て壊される」という環境犯罪学上の理論だ。

つまり分かりやすく言うと「窓ガラスが割れているような荒れた場所」があると、「ここは誰も注意を払っていない」と安心した悪党たちがそこに集まってきて、その場所はさらに荒れてしまう傾向があるということなんだ。

もっと簡単に言えば「荒れた場所には、荒れた人間が集まってくる」という話になってくる。見方を変えると「荒れた人間が集まってくると、その場所は荒れていく」と言うこともできる。卵が先か鶏が先かは分からないけど、とにかくそういう傾向は確実にある。

だから、深夜の繁華街やクラブなど、治安の悪い盛り場には「治安の悪い人」つまり「裏社会よりの人」も沢山集まってくるんだ。

――自分が通う場所で、自分の人間関係は作られる

自分がその場所を好んで、その場所に足繁く通うようになると、その場所を通じて「人間関係」ができてくる。ようは友達や知り合いができる。パチンコ屋に通えばパチンコを好む人たちとの人間関係ができるし、クラブに通えばクラブを好む人たちとの人間関係ができてくる。そして、治安の悪い場所に通うと、治安の悪い人間関係ができてくる。

だから覚えておいてほしい。「自分が通う場所の質で、人間関係の質が決まる」ということを。そしてさらに進んで考えてほしい「自分が通いたい場所で作られる人間関係の質は、自分の人生を幸せにしてくれるのかどうか？」とい

うことを。

――自分が作った人間関係で、自分の人生は作られる。

なぜ、場所と人間関係に注意する必要があるかと言うと、「自分が作った人間関係で自分の人生が作られていくから」なんだ。人間関係、つまり仲間や友達や知り合い、もっと言えば恋人ができると、その人たちに合わせるようにして「自分の目的」も作られていく。これは自分の意思が強いか弱いかは関係なく、人間は環境に順応する本能がある生き物なので、ある程度は自動的にそうなってしまう。そして自分が作った目的に合わせて、自分の人生は作られていく。

…どういうことかと言うと、たとえば若い女の子が「深夜のコンビニ」に足繁く通ったとしよう。そのコンビニは、深夜になると地元の悪い先輩が集まってたむろっているような場所だ。その場所に通うことで、その女の子は悪い先輩たちとの人間関係ができてくる。そしてその先輩の中に好みの男性がいて、女の子はその人に惹かれて、交際を始めたとする。すると、どうなるかと言えば、女の子はその悪い先輩と趣味を合わせるために、自分もそういうファッションをするようになるし、遊び方も共有するようになってくる。彼氏がバイク乗りで、道路を暴走するのが好きなタイプだったら、たまに彼のバイクの後ろに乗って一緒に暴走するようにもなる。しかし、先述したけれど「路上の暴走行為」は、じつはかなり重い犯罪になる。そうだと知らずに暴走するバイクの後部座席に乗っていただけの彼女も同罪になってしまう。

もっと言えば暴走を取り締まる警察は、「身元の分かる人から捕まえる」「捕まえやすい人を捕まえてから、芋づる式で捕まえにくい人を捕まえていく」という手段を取る。非行に走っていて身元が分かりにくい彼氏よりも、昼間は学校に通っていて夜に遊んでいるような身元が分かりやすい彼女の方が、先に捕まることもある。そしてもしその女の子が暴走の罪で捕まってしまったときに、女の子の経歴には傷がつくことになる。経歴に傷がつくと、その後の人生で就職したり結婚したりするときに大きな苦労をすることになる。

…というようにして「自分が通う場所」と「自分が作った人間関係」によって自分の目的が作られて、自分の人生が作られていってしまうということだ。

僕自身の話で言うと、僕が若い頃、極道に進んだきっかけもまた「人間関係」だった。当時交際していた彼女のお姉さんが、極道の親分の妻だった。彼女が僕のために善意で仕事を紹介してくれて、その仕事が「親分の車の運転手」だった。そのくらいシンプルなきっかけで、僕は若い頃に極道に進むことになった。それがあって今の僕があるから決して後悔ばかりではないけれど、極道で生きるなかで嫌な思いも沢山したし、嫌な社会の裏側を散々見せられてきた。

とにかくここで言いたいのは「自分が作る人間関係が、自分の人生を作る」ということだ。だからこそ、いま自分が関心を持っている「場所」と、そこで作られる「人間関係」が重要だ。そしてそこから発展して生まれていく「自分の目的」が、自分の得たい人生の幸せに繋がっているのかどうかを、考えるようにしてほしい。

〈解決策〉

・荒れた場所には、荒れた人間が集まると知る
・場所で人間関係が決まり、人間関係で人生は決まると知る
・自分の人生の幸せにとって、この場所と人間関係は有効なのかどうかを考える習慣を持つ

ドラッグの落とし穴

落とし穴というか、直接的な犯罪だ。「ドラッグ」には、何が何でも関わってはダメだ。これは約束してほしい。

自分が遊ぶ場所や遊ぶ人間関係によっては、このドラッグを勧めてくる悪い人もいるかもしれない。そのときは絶対に断らなくてはダメだ。ドラッグはやるのはもちろん、持っているだけでも犯罪だ。最初はみんな「試しに一回だけ」という軽い気持ちで始めてしまう。しかしやがて「遊ぶときだけやろう」に変

わる。そしてドラッグには依存性があるので「やらないと落ち着かない」「やらないと楽しくない」という状態に脳がなってしまう。そうなったらもう、裏社会の搾取のベルトコンベアに乗ってしまったことになる。

「やらないと楽しくない」を拗らせていくと、「やらないと最悪に不快」という状態になる。人は、この最悪の不快感に抗えない。そしてまたドラッグに手を出してしまう。これを何度も繰り返す。買うためのお金がほしいから、その人は何でもやるようになる。詐欺や犯罪、売春にも手を出してしまうようになる。…そして人は、ドラッグによって身も心も破壊されて、人生を台無しにしてしまう。僕はそういう人を何人も見てきた。だから僕はドラッグをやらないし、絶対に人にやらせない。これは若い頃から徹底している。

また近年では「脱法ドラッグ」「脱法ハーブ」というものが横行してこれが問題になっている。脱法というものは「違法になっている麻薬物質が入っていない」というような意味。…だけどこれ、普通のドラッグよりも圧倒的に危険性が高い。世の中の流れは「国がその麻薬物質を禁止する。悪党はその禁止を掻い潜るような麻薬物質を使用した脱法ドラッグを作る。国はまたそれを禁止する。悪党はまた掻い潜った脱法ドラッグを作る」。このようなイタチごっこになっている。

つまり、禁止すればするほど、掻い潜れば掻い潜るほど、よりケミカルで人体に害のある物質がドラッグに混入されるようになる。強烈な依存性を持っていたり、頭や体がおかしくなったり、場合によって死に至ることもある。だから「脱法」と名前がついていても、ドラッグに触れてはいけない。

さらに最近では、電子タバコみたいな形で簡単に摂取できるような「より手軽な形状」のドラッグも登場してきている。恐ろしいことだ。気軽な気持ちで危険なドラッグと関わりを持ってしまい、そして人生を台無しにしてしまった若者がどれだけいるのか。計り知れないほど大きな被害が出ている。

〈解決策〉

・ドラッグは絶対にやらない、関わらないと心に誓う
・ドラッグを勧めてくる人間関係には近寄らない

「心理誘導」に潜む罠

解説動画③

この章の最後に「悪党が用いる心理技術」について紹介したい。奴らは人の心理を巧みに操って、洗脳し、詐欺や搾取を仕掛けてくる。これもまた、事前にその手口を知っていれば回避することができる。また心理状態というものは「その人の判断の土台」になっている。つまり人は、心理を狂わされていたら、間違った判断に導かれてしまう。逆に言えば、心理が狂わされないメンタルの強い状態だったなら、人は間違った判断に導かれることなく、正しい意思決定ができる。これは幸せな人生のための重要なテーマだ。

「もったいない」の落とし穴

心理学の用語で「サンクコスト効果」というものがある。これは、すでに費やしたコストに囚われて、「このままでは無駄になってしまうから」「もったいないから」と非合理的な行動をとってしまう誰でも持っている心理的効果のことだ。つまりどういうことかと言うと「人は自分が費やした時間やお金が多い対象ほど、ハマってしまう」ということなんだ。

分かりやすいところで言うと、パチンコ屋で出ないパチンコ台に大金をつぎ込んでしまう人は、この心理状態だ。「せっかく何万円も使ったんだから」「いま止めたらもったいない」「そろそろ勝てるかもしれない」こんな思いから止めることができなくて大損をしてしまう。ほかには、ブラック企業を辞められない状態の人もこれに当てはまるかもしれない。その企業に対して自分が働くことで何千時間も貢献して費やしてしまった結果、「いま辞めたらもったいない」「自分がやらなきゃ」という心理状態になり、抜けられなくなる。または、ホストにハマってしまった女性も当てはまる。そのホストに対して何百万円もお金を使ってきたからこそ、愛着が湧いてしまい、その人のことを恋愛的によりハ好きになってしまっている。

例を挙げたらキリがないけど、悪党はこの心理を熟知したうえで、人にお金と時間を段階的に使わせるような仕組みを作っている。自分が搾取されていることに気づいたら「もったいない」「これだけやったんだから」という気持ちはバッサリ捨てて、そこから離れなければいけない。

「不安と安心」の落とし穴

先述したけれど、悪党は人に対して効果的に「安心感」を与えて、依存させてくるんだ。つまりは、安心感を与えるために、事前に強い不安をわざと与えてくる。そしてその不安から救うようにして、些細な安心感を与えてくる。つまり、自作自演、マッチポンプだ。これはホストやロマンス詐欺だけではなく、あらゆる悪党の搾取に用いられている。

たとえば、よく悪党が「自分を信じさせるために用いる手段」がある。その悪党の親分が騙したいターゲットを決めたら、自分の武闘派の子分をそのターゲットに差し向けて脅させる。脅しが始まるきっかけは、肩がぶつかったとか、目が気に入らないとか、何でもいい。そして子分が散々ターゲットを脅して恐怖を与えたあとに、親分が現れて「自分が話をつけて、助けてやる」とターゲットに救いの手を差し伸べる。ターゲットは、その親分と子分に繋がりがあることを知らない状態だ。そしてターゲットがその脅しから救われた際には、その親分のことが救世主に見えるだろう。…こうやって自作自演で、暴力的な手段もいとわずに、悪党は自分を信じさせる。そして信じてしまったら、その後はとても簡単に騙されて、搾取されてしまう。こういうことがあるのだと知らないといけない。

「信じ込む」の落とし穴

「信じる」ってすごく美しい言葉のようにも見えるけど、実はとても取り扱いが難しい言葉だ。先述したように悪党が自分を信じさせるための騙しの手法はあるし、人は一度何かを信じ込んでしまうと、そこから抜けることができなくなってしまう。

心理学の学びの中に「認知バイアス」というものがある。これは何かというと、簡単に言えば「自分が持っている先入観によって、判断に非合理的な〝偏り〟が生まれてしまうこと」だと思ってくればいい。つまり認知バイアスの影響で、人は誤った選択をしてしまう。

認知バイアスには沢山の種類があって、その中の一つに「確証バイアス」という言葉がある。これは「何か（誰か）を信じてしまい〝これは確証がある〟と思い込むと、その何かを肯定する情報ばかりに目がいき、その何かを否定する情報に目がいかなくなる」という心理状態のことだ。つまり人は、一度何かを信じ込んでしまうと、それを支持する情報ばかり集めてしまうということなんだ。この確証バイアスを、詐欺師の悪党はよく用いる。

簡単な例えだと、高級なスーツを身にまとって高級な車に乗って現れて、「私はビジネスの成功者です」「あなたに儲かる仕事を紹介します」と言ってきた人がいたとする。じつは、その人は成功者を装った詐欺師だった。しかしそのときにもし格好に騙されて「この人はお金持ちの成功者なんだ」と信じ込んでしまうと、同時に自分に紹介してくれる仕事も「儲かるに違いない」と思い込んでしまう。…だけど考えてみてほしい。高級なスーツや車はその人の持ち物ではなく、レンタルしてきたのかもしれない。レンタルじゃなくても、非人道的な方法で稼いだお金で買ったのかもしれない。基本的に、汚い恰好の詐欺師はいない。詐欺師は認知バイアスを利用して信じ込ませるために、往々にして綺麗な格好で近づいてくる。

また、身近な例としては「SNSのフォロワー数」にも人は認知バイアスで騙されがちだ。たとえばSNSで「フォロワーが一万人もいるインフルエンサー」から急に連絡が来て、デートに誘われたとする。「一万人もフォロワーがいるから、この人は社会的な信用がある人だ」と思い込んでしまうと、そのまま確証バイアスによってその人のことを信じ続けてしまう。そして、デートに意気揚々と疑いなく行ってしまい、詐欺に遭ったり、酷い目にあったりするかもしれない。まず知ってほしいのは「フォロワー数をお金で買っている人がいる」ということなんだ。見分けるポイントとしては「フォロワー数に対する、その人への投稿のリアクションが多いか少ないか」という部分だ。お金でフォロワー数を増やした人の投稿へのリアクションは、異常に少なくなる。ファンがいないから当然だ。たとえば、一万人もフォロワーがいるのに、投稿への「いいね」が二〇件とかの人がいる。これを見て「この人、何かおかしいな」と気づける自分でいなくてはいけない。

「借りを作る」の落とし穴

「悪党からの提案を、善良な人が断れなくするための手法」がある。それは「借りを作らせる」という方法だ。「借りがある人」「恩がある人」からの提案は、それがどんなものだったとしても、断りづらくなるという心理が働く。

すごくシンプルなケースだと「食事のご馳走」がある。悪党は手懐けたいターゲットがいたら、最初は親切な人を装って、美味しいご飯を何度もご馳走してくる。住む場所も用意してくれるかもしれないし、仕事も斡旋してくれるかもしれない。そうやって相手に甘い汁を吸わせ続けて、散々借りを作らせる。そして「貸しと借り」の断れない関係性が出来上がったときに、悪党は「頼みがあるんだけどさ」と、ターゲットから搾取するための重大な依頼を仕掛けてくる。これは、よくある手口だ。

もちろん、ご馳走をしてくれたり助けてくれたりする人の多くは、悪党ではない善良な人かもしれない。だけど「そういう人ばかりではない」という事実を知らなくてはいけないし、自分が借りを作るときは「自分は今、どんな人から借りを作ろうとしているのか？」ということに目を向けて分析しないといけない。

「居場所がない」の落とし穴

両親が不仲で、自宅に安心できる場所がない人もいる。学校で相性の良い友達ができなくて、孤独感を覚えている人もいる。そういった境遇で「自分の居場所がない」と感じてしまう若者が増えている。…君はどうだろう？　そして、自分の居場所を得るために、夜の繁華街などの治安の悪い場所に通うようになってしまう若者が増えている。

――だけど悪党は、この「居場所が欲しい」という欲求を熟知している。奴らは、この欲求（つけ入る隙）を見逃さない。

奴らは居場所がないと感じている若者を、最初はたっぷり承認してくれる。「本当に辛かったね?分かるよ」「良かったらご馳走するよ」「泊れる場所もあるよ」「いい仕事があるよ」……こうやって承認して、欠落していた承認欲求を満たして居場所を提供してくれる。そして若者に対して「ここに来れば、自分の居場所がある」「ここにしか、自分の居場所はない」と思い込ませる。こうなったらもう、裏社会から離れられなくなり、搾取されてしまう。まるでベルトコンベアに乗せられたかのように、そこから自動的に闇バイトや売春をするようになる。そして、人生を滅茶苦茶にさせられてしまう。

――だけど、そもそも「居場所」ってなんだろう？

「自分には居場所がある」と感じられている人は、具体的には何を持っているんだろう？　それは、僕が考えるに、「その場所と人間関係の中での〝立場と役割〟」だと思う。たとえば家族というコミュニティならば「息子、または娘」という立場と役割として自分が生まれて、周りの家族がその通りに自分と大切に接してくれていたのなら、「自分には家族の中に居場所がある」と感じられるはずだ。ほかには学校の教室というコミュニティならば、たとえば「クラスの盛り上げキャラ」みたいな立場と役割になって、周りのクラスメイトがその通りに自分と大切に向き合ってくれたのなら「自分は教室の中に居場所がある」と感じられるはずだ。だから、居場所とは立場と役割があることだし「居場所がない」と感じている人は、自分に立場と役割を持てておらず、周りから大切にされていると感じられない状態にいるということなんだ。

もし今君が「居場所がない」と感じているならば、一度ゆっくり考えてみてほしい。「じゃあ自分は、どんな立場と役割をこの場所で持って、周りから大切にされたいのだろうか?」と。もっと簡単に言えば「自分は周りの人に、どんな恩恵を与える人になりたいのだろう?」と、そのコミュニティの中での自分の理想像を考えてみてほしい。

――そして、そのときに大事なのは「完璧に恵まれた人になろう」と思い込まないことだ。

SNSでキラキラしている他人の生活を見たり、周りに友達が沢山いて充実していそうな人気者を見たりしていると、それへの憧れと比べたときの劣等感で「自分なんて」と自己肯定感が下がってしまう。

だけど、これは誤解なんだ。この世の中に「実生活が完全にキラキラ感で満たされている人」なんて存在しない。誰だってドロドロとした苦労があるし悩みがある。SNSで素敵な生活を載せていたとしても、それはただ「キラキラした一瞬を切り取って載せているだけ」なんだ。悪く言えば、自分のドロドロした部分を隠して表現する場所がSNSという場所なんだ。そしてさらに「みんなから好かれている人」なんていないし「仲の良い親友が大勢いる人」も存在しない。

――「誰からも好かれる人はいない。誰からも嫌われる人もいない」

どんな善人だって、悪人からは嫌われる。分かりやすく言えば、あんなに美味しいお寿司だって、それを嫌いな人がいるんだ。だから、全員から好かれるなんてことはあり得ないし、誰からも嫌われるなんてこともあり得ない。そして「性格がすごく合う親友」みたいな存在が大勢いるという状態もあり得ない。

もちろんそういう信頼できる相手が多いに越したことはないけれど、「本当に合う人」と出会える確率って、せいぜい「一〇〇〇人に一人」とかだと僕は思うよ。よく「自分には親友がいない、居場所がない」って悩んでいる人がいるけれど、考えてみてほしい。たぶんまだ、一〇〇〇人と出会って関わってはいないと思うから。

だからもし、自分の周りに「全員から好かれて親友が沢山いるキラキラした人」というように見える人がいたならば、彼らは「そう見えるように、頑張って表面を合わせて明るく振舞っているだけ」なんだ。そう見えるように気を使って努力をしていて偉い。そういう存在なんだ。だから「完璧に恵まれた人になろう」と思わないことが、自分の居場所を作っていくうえで、まず大切なことだ。

――その上で、自分はその場所で「どんな貢献をしたいのか？どんな居場所を作りたいのか？」と考えてみてほしい。

居場所がある人は、その場所で周りの人に対して「何らかの貢献」をする立場と役割を持っているんだ。そんなに大それたことじゃなくていい。「周りの人を笑顔にする」とか「周りの困っている人の力になる」とか、そういう貢献が素晴らしい。そして、自分が周りにしたい貢献が見つかったら、あとは「それを実践できる自分を磨いていく」だけなんだ。居場所は、自分の気持ち次第で作り出すことができる。

そしてさらに言えば「今いる場所」に囚われないこと、「ここしか場所がない」と思い込まないことも大切だ。世の中には、まだ君が知らない、まだ君のことを知らない、沢山の人がいる。そして様々な場所がある。君はどんな場所に行くこともできるし、どんな人とも付き合うことができる。そしてそのコミュニティの中で「なりたい自分」になっていくことができる。可能性は、無限大なんだ。

だから、「居場所がない」と自己肯定感を失って、自分の承認欲求を埋めて搾取に誘導してくる裏社会の側へ安易に流されてはいけない。君のことを本当の意味で大切にしてくれる場所は、他にいくらでもあるのだから。

「依存」の落とし穴

悪党は往々にして、人の「依存心」を引き出させることで、その人を騙して搾取して、極端に言えば奴隷化する。だからこの「依存」という状態について、先に知って学んでおく必要がある。

依存とは何かと言うと、僕の解釈だと「その対象を頼ることでしか、脳内が快適にならない状態」だ。たとえば代表的な「アルコール依存症」は、お酒を飲むことでしか脳内を快適にできなくなってしまった人が陥ってしまう。つまり、お酒を飲まないと脳内が不快でイヤな気持ちに苛まれることになるから、その不快感を拭い去るためにまたお酒を飲んでしまう。これを心と体が壊れるまで永遠に繰り返してしまう。この状態が「依存症の状態」だ。他にも「ドラッグ依存症」も「恋愛依存症」も「ギャンブル依存症」も「買い物依存症」もそうだし、もっと言うと「ストーカー癖」や「DV癖」や「浮気癖」など、非倫理的な行動に人が走ってしまうのも依存症の影響だと言われている。

――悪党はターゲットを依存させる手段を熟知している。

自己肯定感が落ちていたり、承認欲求が不足していたりする人に対しては、奴らは「私だけが、あなたの価値を分かって認めてあげられる」と言葉巧みに洗脳を仕掛けてくる。そしてその言動によって「この人だけが自分の承認欲求を満たして快適にしてくれる」と思い込んでしまうものだから、その悪党に依存してしまう。依存状態になってしまったのなら、その悪党に認めてもらうために、何でもするようになってしまう。

お金に飢えている人に対しては、お金と仕事で依存させてくるだろう。刺激的な遊びに飢えて退屈している人に対しては、危険な遊びやドラッグを提供することで依存させてくるだろう。未来への安心感に飢えている人に対しては、安易な「大丈夫」という言葉や、詐欺的なスピリチュアル系のコンテンツを提供することで依存させてくるだろう。……このようにして、その人が抱えている「飢え」に対して「それを満たせるのは私だけ」という形をとって、悪党は人を依存させてくる。これは裏社会でもそうだし、もっと言えば表社会でも「悪徳ビジネス」という名前で横行している手法だ。

――依存について気をつけるべきポイントは三つ。

ひとつは「自分が今どんな〝飢え〟を持っているのかを、自分で知っておくこと」だ。つまり自分が欲しい感情を、まずは自分で知ってあげること。自分が欲しいものを自分で知っていると、それは自分を前向きに動かすためのパワーになる。

もうひとつは「その飢えを満たす方法を沢山知って持つこと」だ。自分が欲しい感情が分かったら、それを手に入れる方法を沢山知ることが大切なんだ。たとえば、自己肯定感や承認が欲しいのであれば、それを満たす方法は「甘い言葉で囁いてくるホスト」だけではない。真っ当な仕事に就いて、努力してお客さんに喜んでもらっても自己肯定感は満たせるし、困っている友達の力になって助けることでも「自分には価値がある」と純粋に思うことができる。もっと言えば、ジムに通って健康的に運動して素敵な肉体を鍛えることでも自己肯定感は満たされるし、気持ちの良い温泉に入って心と体をスッキリ整えるだけでも自己肯定感は満たされていく。つまり「自分の飢えを健康的に満たして、自分を快適にしてくれる手段」は無限にあるんだ。その方法の種類を沢山知っておけば、心と体を壊してしまう依存症にもならないし、悪党の依存ビジネスに引っかかることはなくなる。

そして最後に気をつけるべきは「依存させられているかどうか」のセルフチェックだ。依存状態にある人は往々にして、自分が依存状態だと気づけない。だから、たまに立ち止まって「自分は何かに依存してしまっていないか?」と自分で自分を見つめ直すことも必要だ。特に「これがないと、自分は困る」「こうでないと、自分は困る」という思い込みがあったら、しっかりそこに目を向けた方がいい。人生には「こうでないと終わる」なんてものは存在しないし、いくらでも助かる方法はある。自分の思考の柔軟性を磨くためにも、自分の依存的な思い込みをチェックして見つめていくといい。思い込みが取れるほど、人生は幸せになる。

「感情的になること」の落とし穴

以上のように、悪党たちは巧みに心理を操って、君を異常な心理状態にさせたうえで「重要な選択」を迫ってくる。心理状態が異常になると、人は当然のように「正しい判断」ができなくなってしまう。だから必要なのは「感情的になっているときは、重要な選択や判断をしないこと」だ。

イライラ感や悲しみなどのネガティブな感情でももちろんそうだし、ワクワク感や期待感などのポジティブな感情でもそうだ。とにかく、感情的になっているときに「重要な選択」つまり多額のお金がかかる選択や、今後の人生に関わる選択を迫られたときは、一度冷静になること。冷静になるために、その場ですぐに決めようとせずに、一度持ち帰ってゆっくり寝て、次の日にゆっくり考えるといい。それでも冷静になれないときは、冷静な立場で判断してくれる周りの信頼できる人に、客観的に見てどう思うか質問してみるといい。

〈心理誘導の解決策〉

・心理学と認知バイアスを学ぶ

・経験値を高めてコミュニケーション能力を磨く

・簡単に信じ込まず、「本当にそうなのかな?」という別の視点を持つ

・承認欲求の不足に振り回されない

・依存状態にならないために、「自分を幸せにする方法」を沢山知る

・自分が感情的になっているときに「重要な選択」をしない

第四章

裏社会から人生を守る知恵

「守り方」のポイントを押さえる

ここまで、世の中にはびこっている「悪党の手口」の一例を紹介してきた。だけど分かっておいてほしいことは、これでも「ほんの一例」なんだ。今あるすべての手口を紹介したら、それはもう図鑑のようなボリュームになってしまう。もっと言えば、国の新しい法律で規制されたりそれを掻い潜ったりを繰り返しながら、今この瞬間も悪党の手口はアップデートされて新しいものが誕生している。その全ての悪党の手口に注意しながら生きていたら、それこそ不安になってしまうし、それで頭がいっぱいになってしまって人生を楽しめない。

だからこそこの章では、自分の危機管理能力を上げて安心安全に生きるための「ポイント」を整理して紹介していきたいと思う。このポイントを意識して、自分の能力や感覚を磨いていくことが重要なんだ。

悪党の手口の基本を事前に知る

この書籍の大きなテーマとして、危機管理能力を高めて《騙されにくい状態》になるために、ここまで悪党の手口の一例を紹介した。紹介した手口は《悪党が用いる騙しの基本の手口》だと思ってくれていい。この基本となる手口を知っていれば、奴らがそれを応用して君を騙しにきたときに、君は事前に危機に気づくことができて、回避することができる。

「治安の悪い場所」「治安の悪い人」に近づかない

やはり「自分が通う場所」と「付き合う人間関係」を見極めて、大事にしてほしい。裏社会のことを何も知らない状態で夜の繁華街などで遊ぶと、危険なことに巻き込まれるリスクは激増する。治安の悪い場所には、治安の悪い人が集まってくる。自分をとりまく場所と人間関係で、自分の人生が作られていくということを肝に銘じることが大切だ。

裏社会に近い「夜の世界」でなくても、楽しい場所や楽しい人間関係は、無数にある。世の中には、色んな世界がある。世界は広いということを知って生きてほしい。

おかしいことを「おかしい」と気づける感性と勇気を持つ

今の世の中、考えてみたら「おかしなことだらけ」なんだ。洗脳や搾取や詐欺が横行しているのもおかしいし、こんなに頑張って働いている日本人がずっと貧しい状態なのもおかしいし、ストレス社会になりすぎてイジメや嫌がらせが当たり前に存在するようになっているのもおかしいし、YouTuberが自分の動画の再生数を稼ぐために嘘の情報を捏造して誰かを攻撃することもおかしいし、社会の偉い人たちの不正がまかり通っているのもおかしい。

――考えだしたら切りがないほど「おかしなこと」「理不尽なこと」が溢れ返っている。

この結果、あまりにもおかしなことが多すぎて疲れてしまい「おかしいことを、おかしいと気づけない人」も急増してしまっているんだ。変な話「おかしいことを、おかしいと気づけないことが、そもそもおかしい」。そんな事態になってしまっている。

ほとんどの人が「違和感」や「生きづらさ」を心の奥底で感じながら生きている。それは、この「おかしなことだらけの世の中」が原因だと思う。

本書のテーマである「騙されない生き方」という視点で言っても、また「豊かで幸せな人生の生き方」という視点で言っても、〝おかしいことを「おかしい」と気づける感性と勇気〟は絶対に必要だと僕は思う。この感性と勇気を麻痺させてはいけないと思う。

自分が感じたことは事実。そこに正解も間違いもない。

だから「何かおかしい気がする」と違和感を覚えたときは、それがスッキリするまで自分の考えを深めていくことが大切なんだ。それでも分からないときは「保留」でいい。おかしなことを、当たり前に放置する癖をつけないことが必要だ。

僕のYouTubeでは、いろんな事象や事件を紹介しながら、「違和感の言語化をすること」を一つの目的としている。見てもらえると、頭がスッキリ整っていくと思う。

批判的思考を持つ

「クリティカル・シンキング」という名前で最近ビジネスの場面で流行っている言葉のようだけど、裏社会に騙されないためにも、この考え方を持つことは非常に大切だと思っている。ようは「鵜呑みにしない」「多角的に考える」ということだ。

――もっと分かりやすく言うと『本当にそうなの？』という視点を常に持つ

どんな情報でも、どんな意見でも「それが全てとは限らない」という事実がある。「メリットとデメリット」は必ずセットで存在している。多角的にその物事を検証して知ることで、初めて「分かった」という状態は作られる。

これは「サイコロ」で例えてみると分かりやすい。サイコロって、真正面から見たら一つの数字しか見られないけど、すこし斜めにしてみると、二つ、三つの数字が見えるようになる。そして、自分から見えない裏側の数字も、自分と対極に立っている人の意見を聞くと知ることができる。こうやって、視点の角度を変えたり、違う意見を取り入れたりすることで「その事柄の全体像」は見えてくるんだ。

これが事実なのに、一方的に「メリットしか目に映らない」というのは、騙される大きな原因になってしまう。だから大事なのは『本当にそうなの？』という視点を持つこと。この視点を持って、楽しみながら物事を色んな角度から検証して見てほしい。そうすれば、騙されるリスクも格段に減っていくからね。

助けを求める方法を知り、勇気を持つ

先述したけど、日本はいい国だ。君が本当に困った状況になったときに助けてくれる行政のサービスが、実は沢山ある国なんだ。

「詐欺に巻き込まれた」「多額の借金を負わされた」「知らないうちに犯罪の片棒を担いでしまって、脅されている」「誰かから虐めやＤＶの被害を受けている」こんな危機的な状況に陥ってしまったとしても、救済措置は必ずある。まずは「助かる方法は存在している」と知っておくことが重要だ。

それこそ今はインターネットがあるのだから、ちゃんとキーワードを入力して検索すれば、その困った状況を解決するための行政の相談窓口が出てくる。

だから次に大事になってくるのは「助けを求める勇気」だ。自分の間違いをさらけ出すことになるから、いろんな不安があると思う。だけど、腹を決めて、助けを求めなきゃいけない。行政に助けを求めることは勇気がいると思う。だけど考えてみてほしい。悪党の言いなりになって、裏社会に搾取されながら生きることより、一千倍はマシだから。

今まったく困った状況になっていない人も、「これから、危機的な状況に陥るかもしれない」という不安がある人も多いと思う。この不安を解決するためにも、いざというときに頼れる大人を見つけておく必要がある。

一番いいのは、まず自分の親や家族を頼れること。または学校の誠実な先生を頼れること。そのためには日ごろからコツコツと「自分の本音を話せる関係」を作っておくことが大切なんだ。これは、若者の努力も必要だし、大人の努力はもっと必要だ。だけど、この努力によって身近な信頼できる人と本音で話せる関係性を築けていると、いざというときに問題が解決される確率も速度も、段違いで変わってくる。若者は、信頼できる大人を見極めて本音をシェアすることを始めてほしい。大人は、自分の信頼性を追求しながら若者が本音を話しやすいように手を差し伸べてほしい。善良な大人と若者が、手を取り合って本音で話し合うこと。これが、今の世の中の問題を解決するために本当に必要なことだと僕は思う。

もし、親も学校の先生も信用できないのならば、その人たちを無理に頼ることはしなくていい。その代わりに、やはり行政の力を借りるための準備をしておくと安心だ。そのために、まずは行政サービスや行政の救済制度を調べて知っておくといい。

切羽詰まった状態にいるときは、やはり「警察の相談窓口」を頼るのがいい。どこの市区町村にも「警察署の生活安全課窓口」があるから、そこに勇気を出して電話をかけることをお勧めする。警察の基本的な体質としては「実害があれば、動いてくれる」というものがある。君が何か実際にトラブルに巻き込まれているときは、それを電話で丁寧に相談すれば動いてくれるはずだ。だけど一方で「まだ実害は出ていないけど不安な状態のときは、警察として動くのが難しい」という場合もある。それにしたって、不安な状態であることには間違いがないのだから、その生活安全課への相談を通じて「この不安は、行政のどこに相談するべきか」を聞いて、君が住む町の相談するべき場所を探していくのが良いと思う。

最終的には「いい担当者の方と繋がれるかどうか」がカギになってくる。対応がドライな人もいるかもしれないけど、そうでなく熱心に対応してくれる人も必ずいる。「自分と合う頼れる人」を諦めずに見つけていくことが大事なんだ。

行政サービスだとしても、警察だとしても「それでも、頼るハードルが高い」と感じている人も沢山いると思う。僕としては、そんな人たちの助けになるようなYouTubeチャンネルを運営したいと思っている。「トラブルへの具体的な対処法」や「困ったときに助けを求める方法」を紹介したり、悩み相談を募集して答えていくような企画をやっていこうと思う。頼るところがない人は、ぜひ僕のYouTubeから頼ってみてほしい。

「生き方」のポイントを押さえる

自分の良質な「目的意識」を育む

結局のところ人生で一番大事なのは、この「目的意識」だ。「君たちは、何をしたくて、どう生きるのか？」という部分になってくる。この目的意識というものがあるから、自分で自分のためになる「人生の選択」をしていくことができる。逆に、これがないと「周りに言われるがまま」「無難に生きる」という人生のルートになってしまう。そしてその「言われるがまま」の状態は、悪党が最も騙しやすい状態だということを知らないといけない。

――「経験は思考から生まれ、思考は行動から生まれる」

これは、昔のイギリスの首相であるベンジャミン・ディズレーリ氏の言葉だ。

自分が最もワクワクする「自分の目的」があるから、その目的に必要な経験をしていこうと思える。そして、良質な経験をすると、良質な思考、つまり考え方が手に入る。また一方で「自分の目的」があるから、それを叶えるために必要な思考を学ぼうと思うことができる。そして、良質な思考が手に入ると、良質な経験をすることができる。

だから「自分の良質な目的意識」から始まって、自分の人生を作る良質な経験も、良質な思考も、自分で決めて獲得していくことができるんだ。これが、いい人生の作り方だと僕は思う。

そうやって良い経験と良い思考を獲得していくことで、生きる上でやってはいけないことや、超えてはいけないことの線引きなどの「善悪を判断する感覚」つまり「分別のある感覚」が自動的に身についていく。この感覚を育てていくことが、自分の危機管理能力を育てて、裏社会に搾取されない自分を作っていく。

そしてさらに、経験を積んで多種多様な考え方を知って身につけていくことで「相手の考えが分かる自分」を育てることができる。これが、コミュニケーション能力が高い状態だ。こうなれたのなら、自分の目的を達成することも容易になってくる。つまり人と協力し合えるようになり、夢が叶いやすくなる。さらに言うと、相手の考えや魂胆を見抜ける自分になるのだから、騙しにくる悪党がいたとしても、事前に見抜いて離れることができる。これもまた、自分の危機管理能力を育てることに繋がってくる。

良い経験を沢山積んで「善悪を判断する感覚」を得ることも、良い考え方を沢山身に着けて「相手の考えが分かる自分」を育むことも、安心して自分の素敵な人生を生きるための「大きなポイント」になってくるんだ。その全ては、まずは自分が「良質な目的意識」を持つことから始まる。

——君は、どう生きたい？　本当は、どうしたい？

この問いかけを忘れずに生きて、自分がワクワクする人生の目的を、常に持つようにしてほしい。大きな目的でなくてもいい。大きさに関係なく、自分が今最もワクワクできる目的であることが大切なんだ。

「大切な人」を助けられる人を目指す

どんな人生の目的を掲げてもいい。だけど忘れてはいけないことは「人を大切にすること」だ。生き方には大きく分けて二つの種類がある。「人を大切にする生き方」と「自分だけを大切にする生き方」だ。後者の「自分だけを大切にする生き方」を突き詰めた先に、裏社会にいる悪党の生き方になってしまう。奴らは、自分と一握りの身内だけ良ければいいという考えを生きている。こうなってはいけない。だからその真逆の「人を大切にする生き方」を選んでいってほしい。そうすれば、裏社会の悪党との縁は遠のいていく。

具体的には、本書で学んだことを活かして「大切な人を助けられる人」を目指していってほしい。自分を守るために学んだ知恵を、大切な家族や、大切な友達、大切な仲間たちに伝えてあげてほしい。そして、実際に困っている人が周りにいたのなら、知恵を活かして、手を差し伸べられる自分でいてほしい。

先述したけれど、人として生まれた以上、人として一番価値がある行いは「人を大切にすること」だ。その思いや能力が高い人のことを、世間では「人格者」と呼ぶ。どんな人生を生きてもいい。どんな目的を掲げてもいい。だけど常に軸に持ってほしいのは「人を大切にできる人格者を目指すこと」なんだ。

――類は必ず、友を呼ぶ

これは大人になると分かることだけど、本当にそうなんだ。誰だって、自分とよく似た考え方を持っている人と一緒にいると居心地がいいから、類は友を呼ぶという現象が起きていく。人のことを騙したり搾取したりする考えの人の周りには、同じようにして悪党が集まってくる。逆に言えば、人のことを大切にする温かい人の周りには、同じように温かい人が集まってくる。人生の幸せって、結局のところ、そういう温かい人間関係を持っているかどうかだと思う。

どうか、幸せな人生をこれから生きていくために「人を大切にする人生」を歩んでいってほしい。そうすれば、君の未来はこれから絶対に明るくなっていくからね。

おわりに

最後まで読み進めてくれてありがとう。この書籍で僕が伝えた考え方によって、一人でも多くの若者が裏社会の悪党に騙されることなく、自分の目的意識に沿った「明るく希望に溢れた人生」を送れるようになることを切に願っている。

本当に、今の世の中は「複雑なことだらけ」だ。そして、混乱してしまい「不安だらけ」の状態になってしまっていると思う。これを解決していくために大切なのは「真実と事実を、一つずつ知っていくこと」。これしかないと僕は思っている。だから、この書籍とQRコードで関連付けたYoutube動画もぜひ見てもらいたい。書籍と動画を通じて、僕はこれからも「みんなが知らない世の中の実態」を明らかにしていく。

――僕は、絶対に若者を見捨てない。

人生の大きな失敗をすることなく、裏社会に騙されることなく「安心安全の人生」を送れたらそれが一番だ。だけど、誰だってときには失敗してしまうし、どんなに気をつけていても騙しや詐欺の被害にあってしまうことだってある。そして、自分の記録や記憶に傷がついてしまい、人生に絶望してしまうこともあるかもしれない。そして、周囲の大人たちから見捨てられることもあるかもしれない。

だけど、万が一そうなっても、僕は絶対に君を見捨てない。これを覚えていてほしい。僕は若い頃に「裏社会」に関わってしまい、懲役も食らった。人生的に見たら絶望的な傷を負ってしまった。…そんな僕が更生することができて、今こうやって表の社会で活動できているのは、それは紛れもなく、自分を見捨てずに関わってくれた人たちがいてくれたからだ。だから僕もその恩義に報いるために、同じようにして、どんなに人生が悪い方へ傾いてしまった人でも見捨てることなく接していく。困ったときは、ぜひ YouTube を通じて相談にきてほしい。

――僕が言いたいことは「原因は若者ではなく、大人」ということ。

騙されやすくなってしまったり、裏社会と関わるようになってしまったり、詐欺を働くような悪い道に進んでしまったり、そういう若者が増えていることは確かなことだけど、それは「若者たちの責任」ではない。そもそも、若者を騙して搾取しようとする汚い心を持った大人の影響だし、そういう汚い大人が増えてしまうこの社会の構造を作った「権力を持った大人たちの責任」だと思っている。

こんな社会だからこそ、若者たちは「人生を守る知恵」を学んでいく必要がある。そして同時に大人たちも「若者を守る知恵」を一緒になって学んでいく必要がある。若者だけじゃなくて、大人たちもこれから自分の人格をより磨いて成長していく必要がある。僕はそう強く考えている。

――「若い頃に裏社会の側にいた」「今は表社会で人を助ける活動をしている」

この人生の記録と記憶を持っている僕だからこそ、若者たちと大人たちへ「人生を守る知恵」を伝えていけると確信している。

YouTubeや書籍で、そしてさまざまな活動を通じて、僕は自分のこれからの人生を使って伝え続けようと決めているんだ。

【YouTube 動画リンク集】

本書では、裏社会から人生を守るための「最新の知恵」をお伝えするために、著者の「YouTube動画」が文章に関連付けられています。
本書の内容をさらに詳しく学びたい方は、こちらのURLから動画をご視聴いただけます。

「お金と仕事」関連テーマの動画

https://tarobook.com/theme1/

「恋愛と遊び」関連テーマの動画

https://tarobook.com/theme2/

「心理誘導」関連テーマの動画

https://tarobook.com/theme3/

【著者略歴】

ちょうえきたろう　バーチャルYouTuber。2018年に活動を開始。YouTubeチャンネル登録者数トータル55万人、総再生回数は2億4000万回を超える（2024年3月現在）。自身の壮絶な経験から生み出された独自の視点で社会の事象を解説し、人生の安全を守るための知恵を提供している。

学校では絶対に教えてくれない

裏社会から人生を守る教科書

2024年5月10日　初版発行

編著者　ちょうえきたろう
発行所　さんが出版
営業部　〒160-0022　東京都新宿区新宿5-15-14
編集部　〒181-0002　東京都三鷹市牟礼4-13-25
TEL 0422-24-7324　FAX 0422-24-7334

デザイン　アップライン株式会社
印刷製本　モリモト印刷株式会社

ISBN 978-4-88096-362-4